Dirk Rohr

Eine kleine Theorie-Einführung in Systemische und Humanistische Ansätze am Beispiel des Inneren Teams

Dirk Rohr

Eine kleine Theorie-Einführung in Systemische und Humanistische Ansätze am Beispiel des Inneren Teams

Mit Begleittexten von
Friedemann Schulz von Thun,
Bernd Schmid und Jürgen Kriz

BELTZ JUVENTA

Der Autor

Dirk Rohr, Jg. 1973, Dr., ist Akademischer Direktor und Geschäftsführer der Humanwissenschaftlichen Fakultät der Universität zu Köln. Er leitet dort den Arbeitsbereich Beratungsforschung und das Zentrum für Hochschuldidaktik. Er ist Gestalttherapeut, Systemischer Berater und Supervisor und promovierte über das Innere Team. Zurzeit schreibt er seine kumulative Habilitation über die Verbindung von ‚lehren, lernen (v. a. Peer Learning) und beraten' – siehe seine weiteren Veröffentlichungen im Beltz-Verlag. 2012 gründetet er das koelner-institut.de. Im Juni 2016 wurde Dirk Rohr in den wissenschaftlichen Beirat der Deutschen Gesellschaft für Beratung berufen.

FSC www.fsc.org
MIX
Papier aus verantwortungsvollen Quellen
FSC® C089473

Dieses Buch ist erhältlich als:
ISBN 978-3-7799-3441-7 Print
ISBN 978-3-7799-4503-1 E-Book (PDF)

1. Auflage 2016

in der Verlagsgruppe Beltz · Weinheim Basel
Werderstraße 10, 69469 Weinheim

Herstellung und Satz: Ulrike Poppel
Druck und Bindung: Beltz Bad Langensalza GmbH, Bad Langensalza
Printed in Germany

Weitere Informationen zu unseren Autoren und Titeln finden Sie unter: www.beltz.de

Inhalt

1 Vorwort

Dieses Buch entsteht im Kontext einer großen Tagung in Köln: „Gelingende Kommunikation mithilfe von systemisch-humanistischen (Beratungs-) Ansätzen“.

Vor 1.200 Teilnehmer*innen referier(t)en am 21. und 22. Oktober 2016 Friedemann Schulz von Thun („Kommunikationsmodelle als heuristische Hilfen für stimmige Kommunikation und stimmige Lebensführung“; Kapitel 6), Jürgen Kriz („Personzentrierte Systemtheorie – Wie Körper, Psyche, Interpersonelles und Kultur zusammenspielen/zusammenwirken“; Kapitel 7) und Bernd Schmid („Perspektiven der Transaktionsanalyse, der Hypnotherapie Milton Erickson, der Tiefenpsychologie Jungscher Prägung und systemischer Ansätze – die Kunst ‚mehrspännig' zu fahren“; Kapitel 8). Ich selbst hatte mir vorgenommen, neben einer „Begrüßung & Einführung in systemisch-humanistische (Beratungs-)Ansätze“, zwei meiner aktuellen Forschungsprojekte kurz vorzustellen: „Peer Learning & Peer-Kommunikation statt Beratung: Der ‚beste' systemisch-humanistische Ansatz?“ sowie „Genogramme dialogisch erstellen – Vorstellung der Tablet-Software des Forschungsprojektes InGeno“ – jeweils in 15 Minuten. Kurz nach dem Druck der ersten Flyer und Plakate erschien mir (plötzlich) das Vorhaben einer 15-minütigen „Einführung in systemisch-humanistische (Beratungs-) Ansätze“ völlig aussichtslos. In meinem Inneren Team entstand die Idee, „eine kleine Theorie-Einführung in systemische[1] und humanistische Ansätze am Beispiel des Inneren Teams“ zu schreiben bzw. meine Vorarbeiten hierzu zu sortieren, ergänzen, kürzen, aktualisieren etc.[2]

Dieses Buch kann und soll aber nicht die aktuellen Entwicklungen wiedergeben. Es ist gewissermaßen eine ‚historische' Einführung in die Theorien – eher für theorieinteressierte Einsteiger*innen in die Thematik. Mit dem Ziel, die Ideen einiger Begründer*innen der systemischen und humanistischen Theorien, Ansätze und Modelle kennen zu lernen.

So bin ich nun – ein paar Wochen später – sowohl Frank Engelhardt, Verlagsleiter Pädagogik/Weiterbildung Beltz und Beltz Juventa, den ‚Mitaktivis-

---

1 Es gibt gute Gründe sowohl für die Großschreibung als auch für die Kleinschreibung von ‚Systemisch‘ und ‚Humanistisch‘. Aus diesem Grunde verwende ich beide Schreibweisen.

2 Einige Teile sind bereits veröffentlicht worden, z. B. in Rohr 2004

ten' Friedemann Schulz von Thun, Jürgen Kriz und Bernd Schmid als auch meiner Familie sowie meinen Studierenden, Mitarbeiter*innen und Kolleg*innen, die manches Mal ,zu kurz kamen', mit tiefstem Dank verbunden.

Und wünsche Ihnen nun eine informative, aber auch unterhaltsame und kurzweilige Lektüre.

Köln im Juli 2016, Dirk Rohr

2 Einführung in diese (Theorie-)Einführung

2.1 Zielsetzung, Methodik und Aufbau dieser Theorie-Einführung

Berater und Klienten befinden sich [...] in einem ständigen wechselseitigen ‚engagierten Austausch von Wirklichkeitseschreibungen'.
(Von Schlippe/Schweitzer 2013, 249)

Auch wissenschaftliches Arbeiten ist ein ‚engagierter Austausch von Wirklichkeitseschreibungen' – mit der ‚scientific community' … und im Inneren Team.

Die Arbeit mit dem Inneren Team ist ein Abwägen unterschiedlicher Handlungsmöglichkeiten aufgrund unterschiedlicher Wirklichkeitsdefinitionen unterschiedlicher ‚Innerer Stimmen'. Es ist ein Urteilen über das bestmögliche Verhalten. Wissenschaftliches Arbeiten ist in gleicher Weise ein Verhalten.

„Das eigentliche Urteilen über einen Gegenstand ist das Vergleichen. In diesem Urteilen liegt die Dialektik" (Hegel 1961, 213). Diese Arbeit ist ein Vergleich: ein Vergleich von Erkenntnistheorien, ein Vergleich von Beratungs-Ansätzen und ein Vergleich von interpersonaler und intrapersonaler Kommunikation. Mancherorts ist es lediglich ein indirekter Vergleich, mit dem verbindenden Fokus der Reflexion anhand des Inneren Teams. Mir ist durchaus bewusst, dass ich mit dieser Vorgehensweise dem gängigen Wissenschaftsverständnis unserer Zeit nicht entspreche, denn ich stimme mit dem Wissenschaftstheoretiker Hentschel in seiner Deskription – aber auch in seiner Kritik – überein: „Weder der gegenwärtige Diskussionsstand der Wissenschaftsgeschichte noch der Wissenschaftstheorie räumen dem Vergleich derzeit besondere Bedeutung ein" (Hentschel 2003, 252). Forscher*innen begingen vielmehr „vielerorts einen exzessiven Partikularismus" (ebd.).

Und empirische Studien sollten ihr zu untersuchendes ‚Feld' zuvor ausführlich, d.h. erkenntnistheoretisch, interdisziplinär (im wahrsten Sinne des Wortes; also hier: philosophisch, psychologisch, pädagogisch …) und historisch bzw. ‚re-flektierend' in Form einer Literaturanalyse verstanden haben. Diesen Teil soll die vorliegende Theorie-Einführung für die Untersuchungsgegenstände „humanistischer Ansatz“ und „systemischer Ansatz“ sowie für den Untersuchungsgegenstand „Arbeit mit dem Inneren Team“ leisten.

Mit dieser Einführung – sowohl mit dieser Arbeit als auch mit dem Konzept[3] des Inneren Teams – versuche ich, eine integrierende Perspektive, im Sinne Hegels eine Synthese, zu entwickeln. Es handelt sich hiermit also um eine dialektische Arbeit – über die ‚Dialektik des Denkens'.

Georg Wilhelm Friedrich Hegel (1770-1831) entwarf – in Anlehnung an Fichte und Schelling[4] – eine Dialektik[5], die „die wissenschaftliche Anwendung der in der Natur des Denkens liegende Gesetzmäßigkeit und zugleich diese Gesetzmäßigkeit selbst“ ist (Hegel zit. nach Ulfig 1993, 85). Eben das ist die Reflexion anhand des Inneren Teams.

> Die Eigentümlichkeit der Hegelschen Philosophie ist es nun gerade, dass sie die Dialektik nicht nur logisch, als eine Form unseres Denkens, sondern ontologisch oder metaphysisch, als die eigentümliche Form der Selbstbewegung der Wirklichkeit, nimmt und dass sie darüber hinaus zu zeigen unternimmt, dass beides: Die Selbstbewegung unseres Denkens und die Selbstbewegung der Wirklichkeit, im Grunde der gleiche (oder gar derselbe) Prozess ist. (Störig 1993, 461)

Aus diesem Grunde widme ich der Erkenntnistheorie einen GroßTEIL[6] (den DRITTEN TEIL) dieses Buches. Der Innere Dialog ist die ‚Selbstbewegung unseres Denkens', ist Dialektik. Dialektik „als Bewegung des Denkens meint *Vermittlung* (zum Beispiel von Subjekt zu Objekt, Denken und Sein), d.h., das dialektische Denken schließt in sich die Dimension des *Widerspruchs*, des Gegensatzes in sich ein. […] Jede Begriffssetzung (Thesis) treibt aus sich ihren Gegensatz (Antithesis) hervor; beide werden in einen höheren, allgemeineren Begriff bzw. einer höheren Einheit (Synthesis) aufgehoben bzw. aufbewahrt“ (Ulfig 1993, 85). Das dialektische Denken ist Vermittlung von sich

---

3 ‚Konzept' verstanden im Sinne Quitmanns (1991, Untertitel), von Schlippe/Schweitzer (2013, 33) und Schwartz (1997, 7) als therapeutisches Modell – siehe auch weitergehend im Sinne Schulz von Thun (1998, 29) als hilfreiche Reflexions- und Beratungs*methode*, die gleichzeitig Grundlage meines Menschenbildes (vgl. 1998, 17) ist. Das Innere Team ist ein ‚Modell' des intrapersonalen Vorgangs in schwierigen Situationen. Fokus des Konzeptes des Inneren Teams ist also nicht der Inhalt der Inneren Dialoge, sondern die Analyse bzw. die ‚Art und Weise' der Reflexion und Analyse.

4 Als auch in Anlehnung an Heraklit (ca. 540 v. Chr. geboren), der ‚sich selbst erforschte' und schon von der „Einheit der Gegensätze“ sprach (vgl. Störig 1993, 135f).

5 Griech.: die Kunst der Unterredung

6 Analog zum Selbst teilt sich diese Arbeit in TEILE, die miteinander in wechselseitigem Bezug stehen. Um dies zu verdeutlichen, werde ich, wann immer ich in einem TEIL Bezug auf einen anderen TEIL nehme, ‚TEIL' in Großbuchstaben schreiben.

widersprüchlichen Bedürfnissen in jedem ‚Selbst'. Ich werde in allen folgenden TEILEN dieser Arbeit versuchen, Thesen und Antithesen ‚aufzuheben':

> In Hegels Synthese werden These und Antithese nicht eingeschränkt, sondern ‚aufgehoben' – in dem wunderbaren dreifachen Sinn, den dieses Wort in der deutschen Sprache hat: einmal aufgehoben im Sinne von ‚beseitigt' (ein Gesetz wird aufgehoben); zum zweiten aufgehoben im Sinne von ‚bewahrt' (ich hebe dir etwas auf), also demnach nicht zum Verschwinden gebracht, sondern in einer höheren Einheit lebendig erhalten; zum dritten aufgehoben im Sinne von ‚hinaufgehoben', nämlich auf eine höhere Ebene, auf der beide nicht mehr als sich ausschließende Gegensätze erscheinen. (Störig 1993, 460)

Dieses dialektische Prinzip im intrapersonalen Bezugsrahmen, also der Annahme, jeder Gedanke, jeder Persönlichkeitsaspekt rufe einen gegensätzlichen Gedanken, einen dem Ersteren widersprechenden Persönlichkeitsaspekt hervor, entspricht der Reflexion anhand des Inneren Teams, die dann zu einer Synthese im Sinne Hegels führen kann. „Als objektiver Verstand enthält er (der Verstand, Anm. D.R.) die Kategorien, die Denkbestimmungen des Seins, welche die innere Einheit des Mannigfaltigen der Anschauungen und Vorstellungen ausmachen" (Hegel 1961, 212). Inhaltlich geht es im Modell des Inneren Teams also um den Weg des Erkennens, die Methode des Erkennens. Die Auseinandersetzung mit dem Inneren Team ist das Analysieren der Inneren Mannigfaltigkeit der Vorstellungen; inhaltlich *sowie* methodisch (wissenschaftstheoretisch) geht es um ‚Begriffsfindungen' und ‚-definitionen' (z.B. Verbalisieren der Bedürfnisse, der Persönlichkeitsanteile): „Die Wissenschaft ist die begreifende Erkenntnis des absoluten Geistes. Indem er in Begriffsform aufgefasst wird, ist alles Fremdsein im Wissen aufgehoben. [...] Es ist der Begriff, der sich selbst zum Inhalt hat und sich begreift" (Hegel 1961, 227). Es wird deutlich werden, dass sich Inhalt und Methode, der Blick auf Partikulares und der Blick auf ein ‚Ganzes', analytisches und systemisches Vorgehen, These und Antithese nicht immer deutlich voneinander abgrenzen werden und abgrenzen können. Auch das ist Teil dieser Einführung.

Zusammenfassend lässt sich zur Zielsetzung und Methodik resümieren, dass diese Arbeit in erster Linie eine ‚Literaturarbeit' ist. Es ist eine vergleichende, hermeneutische Arbeit, die (vorerst) keinerlei empirische Ansprüche stellt. Da ich mich innerhalb dieser Arbeit noch ausführlich mit Erkenntnis- und Wissenschaftstheorie befassen werde und diese Arbeit in vielerlei Hinsicht eine Synthese zu sein beabsichtigt, möchte ich an dieser Stelle lediglich auf den DRITTEN TEIL *hinweisen*: Die theoretische Grundlage dieses Buches wird dort sehr detailliert dargelegt. Sie beruht auf existentialistischen und phänomenologischen Gedanken, die ebenso Grundlage der humanistischen Psychologie sind, und poststrukturalistischen, konstruktivistischen, systemtheoretischen, autopoietischen und synergetischen Gedanken, die gleichzeitig Grundlage der systemischen Therapie und Beratung sind. Explizit möchte ich an dieser Stelle – eher aphoristisch – einige erkenntnistheoretische Gedanken von Gregory Bateson darlegen. Bateson, der mich stark beeinflusste, widmete sich verschiedensten Fragestellungen und Disziplinen, die alle als ‚Bezugswissenschaften' des Inneren Teams und des systemischen Ansatzes betrachtet werden können: der Erkenntnistheorie, der Ökologie (ökosystemische Betrachtungsweise), der Anthropologie, der Ethnologie als auch der Double-bind-Theorie. Folgende Formulierungen spiegeln auch mein Grundverständnis sowie meine Methodik wieder:

- Die Humanwissenschaften arbeiten mit Hypothesen. Sie können aber „niemals irgendeine Verallgemeinerung *beweisen*" (Bateson 1987, 39 – Herv. D.R.).
- Jede Erfahrung ist subjektiv, da „unsere Gehirne die Bilder machen, die wir ‚wahrzunehmen' glauben" (ebd., 42).
- Erkenntnisse sind abstrakt und nicht die Dinge selbst. „Die Karte ist nicht das Territorium, und der Name ist nicht die benannte Sache" (ebd., 40).
- „Die Prozesse der Wahrnehmung sind unzugänglich; allein die Produkte sind bewusst" (ebd., 43).
- „Die Zerlegung des wahrgenommenen Universums in Teile und Ganze ist angemessen und kann notwendig sein, keine Notwendigkeit bestimmt aber, *wie* das geschehen soll" (ebd., 51 – Herv. D.R.).
- Erkenntnis geschieht, wenn Informationen eine Veränderung bewirken. „Was wir tatsächlich mit Information meinen [...], ist ein Unterschied, der einen Unterschied ausmacht" (Bateson 1999, 582).
- Sprache ist einseitig. „Die Sprache betont *gewöhnlich* nur eine Seite jeder Wechselwirkung" (Bateson 1985, 80 – Herv. D.R.).

Diese Arbeit soll ein Konzept beschreiben, das ‚angemessen ungewöhnlich' (vgl. Andersen 1996) die anderen Seiten der Wechselwirkungen zur Sprache zu bringt.

Abschließen möchte ich diesen TEIL mit einer kurzen Kommentierung in Bezug zur ‚Theorie-Praxis-Problematik' bzw. der ‚Anwendungsbezogenheit versus Wissenschaftlichkeit', einer ‚Problematik', die diese sehr theoretische bzw. konzeptionelle Arbeit explizit betrifft[7]. Diesbezüglich fordern

7 Schulz von Thun schreibt z.B. 2001 in einem Brief an mich: „Ich brauche somit dringend

Dießenbacher und Müller eine kritische Hermeneutik: „weil sie (die Sozialpädagogik[8], D.R.) zwischen Wissenschaft und Alltag tritt, die beide ihr Recht haben, sich aber nicht gerecht werden“ (1984, 1252). Demnach geht es nicht nur darum, „den pädagogischen (genauso wie den nicht-pädagogischen, D.R.) Alltag allein zu verstehen und zu interpretieren“, sondern um das Entwickeln von Konzepten - inklusive Methoden und Prinzipien - dafür, „den Alltag im Hinblick auf seine real besseren Möglichkeiten auch *zu ändern*“ (ebd. - Herv. D.R.).

Die Arbeit mit dem Inneren Team als auch systemische und humanistische (Beratungs-)Ansätze - also die Thematik dieser Arbeit, aber auch diese Arbeit an sich - gehen den gleichen Weg (der kritischen Hermeneutik) und haben das gleiche Ziel: Änderungsmöglichkeiten für den Einzelnen (durch die Reflexion anhand des Inneren Teams) theoretisch und konzeptionell aufzuzeigen: sich selbst kritisch zu betrachten.

2.2 Einführung in das Modell des Inneren Teams

> Müsset im Naturbetrachten
> immer eins wie alles achten;
> nichts ist drinnen, nichts ist draußen;
> denn was innen das ist außen.
> So ergreifet ohne Säumnis
> heilig öffentlich Geheimnis.
> Freuet euch des wahren Scheins,
> Euch des ernsten Spieles:
> Kein Lebendiges ist Eins,
> immer ist's ein Vieles.
> (*Johann Wolfgang von Goethe*)

In diesen Zeilen Goethes sind zwei grundlegende Prämissen dieser Arbeit verborgen: „denn was innen das ist außen“ und „immer ist's ein Vieles“.

Das Außen ist ein Spiegel meiner Seele. Das Viele im Außen entspricht einem Vielen im Innen. Und wenn mir etwas im Außen zu viel wird, ist im Innen viel außer sich. Einen Konflikt oder ein äußeres Dilemma haben wir

---

Beispiele und konkrete Praxis, um das, was Sie auf der programmatischen und konzeptuellen Ebene herausarbeiten, würdigen und beurteilen zu können” (Schulz von Thun 2001, 1)

8 Dießenbacher und Müller fordern die ‚kritische Hermeneutik' für die Sozialpädagogik. Meines Erachtens hat diese Forderung aber Gültigkeit für die Humanwissenschaften im Allgemeinen.

nur dann, wenn wir auch ein Inneres Dilemma haben[9], wenn es einen Inneren Dialog gibt.

Dass dieser sogenannte ‚Innere Dialog' eben mehr als nur zwei (‚Dialog') Innere Dialogteilnehmer*innen hat und dass es sich lohnt, die weiteren Inneren Stimmen zu exponieren (den Inneren Dialog zu analysieren), werde ich im Folgenden zeigen. Durch die Reflexion oder Beratung anhand des Inneren Teams wird deutlich, dass es im Grunde – wenn wir genauer ‚hinschauen', wenn wir ‚reflektieren' – also ein Innerer Multi-log ist: Wie auch Goethe andeutet in der Zeile ‚immer ist's ein Vieles'.

Innere Dialoge repräsentieren sich widersprechende Bedürfnisse in einer Person. Die Arbeit mit dem Inneren Team ist eine Möglichkeit, diese zu erkennen und anzuerkennen.

In der Regel sind es nämlich versteckte Bedürfnisse, die uns in schwierigen Situationen ‚leiten', die unsere Entscheidungen beeinflussen; Innere Stimmen, die sich im Inneren Dialog nicht zu Wort melden, sondern die sich hinter anderen ‚Wortführern' verstecken. Oft sind es Bedürfnisse, von denen wir erschrocken sind, wenn wir sie im Laufe einer Arbeit mit dem Inneren Team wahrnehmen. Ein Beispiel:

Eine Klientin von mir hatte während einer Arbeit mit dem Inneren Team – zu der ‚schwierigen Situation', sich von ihrem Partner getrennt zu haben – erkannt, dass fast alle ihrer bisherigen Partner hilfsbedürftig waren, dass sie selbst helfen ‚wolle'. Auf der anderen Seite, beziehungsweise ‚eine andere Seite in ihr', wollte endlich einen ‚gleichberechtigten' Partner. Ihr wurde klar, dass sie eben das nur erreichen könne, wenn sie verstünde, warum sie ‚helfen wolle', welche Bedürfnisse ‚hinter' dieser Inneren Stimme versteckt seien. Es wurde ihr bewusst, dass diese Partner letztlich Stellvertreter für ihren (alkoholabhängigen) Vater waren. ‚Eigentlich' wollte sie ihm helfen, ‚irgendwie nachträglich'; ein Bedürfnis, das ihr ‚absurd' schien. Und sie hatte ein ungemein starkes Bedürfnis nach ‚Freiheit'; ‚… frei sein, wie der Vater?' habe ich gefragt. ‚Ja, der war ein ‚Lebemann'. Durch die Trennung

9 „Dilemma [aus gr.-lat. Dilemma ‚Fangschuss', eigtl. ‚Doppelfang'] das; -s, -s u. -ta: Wahl zwischen zwei [gleich unangenehmen] Dingen, Zwangslage, -entscheidung" (Duden 1975, 108). Im Folgenden wird deutlich werden, dass ich ein Verständnis bevorzuge, das ein Dilemma als eine Wahl zwischen mehr als zwei [gleich bedeutsamen und gleich angenehmen] Dingen definiert. In diesem Sinne müsste es eigtl. ‚Multilemma' heißen.
Ich werde im Weiteren in Anlehnung an Schulz von Thun und sein „Inneres Team" die Begriffe Innere Dilemmata, Innere Machtkämpfe und Innere Dialoge als feststehende Begriffe betrachten, und somit ‚Innere' großschreiben. ‚Innere' ist hierbei synonym zu intrapersonal und bezieht sich auf psychische Prozesse. Den Begriff des Inneren Teams werde ich in seinem weitesten Sinn als Beschreibung der Gruppe der personifizierten Persönlichkeitsanteile übernehmen.

war sie ‚unabhängig' (von Partnern) und glaubte gleichzeitig, ihrem Vater so ‚näher zu sein'. Im weiteren Verlauf wurde ihr deutlich, dass ihre Trennung vom Partner (der übrigens auch Alkoholiker war) für den gemeinsamen Sohn zum genau gleichen Zeitpunkt ‚passierte', zu dem sich ihre Mutter von ihrem Vater getrennt hatte. Sie hatte ein auf den ersten Blick ‚sonderbares' Bedürfnis (im Inneren Dialog) entdeckt, dass ihr viereinhalbjähriger Sohn nun keinen (präsenten) Vater mehr haben ‚solle'.

Und selbst diese Innere Stimme konnte weiter ‚analysiert' werden: ‚Männer sind bemitleidenswerte Wesen, traurige Helden' und ‚Männer sind unnahbar'. Der Sohn sollte anders werden. Und ein weiterer Innerer Dialogteilnehmer: Die Klientin wollte ‚ihrem' Jungen (für immer) nahe sein, dadurch, dass er nun das ‚gleiche Schicksal' haben würde, wie sie. An dieser Stelle meldeten sich ‚natürlich' Innere Gegenstimmen …

Eine Reflexion anhand des Inneren Teams kann auf sehr verschiedenen Analyse-Ebenen gemacht werden – je nach Kontext: Jedoch immer in einer mehrdimensionalen Dialektik; d.h. der erste Innere Dialog in einer schwierigen (Entscheidungs-) Situation muss auf seine Bestandteile sowie die Kommunikation, die Beziehung dieser Bestandteile untereinander untersucht, eben analysiert werden. Nun können – wie eben anhand einer ‚therapeutischen' Situationen gezeigt – auch diese Inneren Dialogteilnehmer*innen, diese Bedürfnisse selbst wiederum analysiert werden.

Es kann also je nach Situation, sehr intensiv und ‚tiefgehend' analysiert werden; d.h. es werden sehr viele Innere Dialogteilnehmer*innen ‚gefunden'. Dies setzt eine dementsprechende Ausbildung und Kenntnis der Begleiter*in voraus; unabhängig ob die Arbeit mit dem Inneren Team als ‚Eigen-Analyse' oder als therapeutisches Instrument genutzt wird.

Die Arbeit mit dem Inneren Team kann aber auch – wie z.B. in pädagogischen Situationen – weniger ‚tiefenanalytisch' sein. Für die Arbeit mit dem Inneren Team als therapeutisches Instrument ist die ‚Internal Family Systems Therapy' von Richard Schwartz als adäquates Beispiel zu nennen (vgl. Schwartz 1997). Ich werde in diesem Buch jedoch das Modell des Inneren Teams nach Schulz von Thun fokussieren.

Für jedes Problem gibt es diese einfache und ultimative Frage: ‚Was will ich?'. Oftmals gibt es aber nicht die *eine* Antwort darauf. Auf der einen Seite will ich …, auf der anderen …

Es gibt sich widersprechende Bedürfnisse in jedem selbst. Diese Bedürfnisse werden als Innere Stimmen wahrgenommen. Sie sind ‚Ich-Zustände', die phänomenologisch nicht mehr als ein kohärentes System gelten, sondern die als unteilbar postuliert werden. Sie sind das psychologische Atom. Innerhalb der Arbeit mit dem Inneren Team (als einem Konzept Innerer Mulitloge) geht es nun darum, diese Atome ausfindig zu machen und ihre

Energie für die Gesamtpersönlichkeit zu verstehen. Es geht also um die Beziehung und Wertung dieser grundlegenden, existentiellen Bedürfnisse.

Die Inneren Dialogteilnehmer*innen werden demnach funktionsmäßig als eine kohärente Verhaltensstruktur bezeichnet; das heißt, dass es sich hier um ein Bedürfnissystem handelt, das mit einer beziehungsgerechten Verhaltensstruktur gekoppelt ist. Jedem Individuum stehen unbegrenzt viele, derartiger Ich-Zustände zur Verfügung. Es scheint jedoch, dass die meisten Menschen ein begrenztes Repertoire in ihren Inneren Dialogen ‚nutzen'.

Innere Dialoge und Innere Dialogteilnehmer*innen sind im Konzept des Inneren Teams nicht nur als ‚Rollen' zu verstehen, sondern als psychologische Gegebenheiten.

Diese Arbeit kann auch verstanden werden erstens als Weiterführung der Persönlichkeitstheorie des „Inneren Teams" zu einem Menschenbild, einer Einstellung zu sich selbst, eben einem Selbst-Bewusstsein und zweitens einer theoretischen Fundierung – und eben Einführung in systemische und humanistische Gedanken. Mir war sofort klar, dass sich bei der Vorstellung, über ein Menschenbild, über eine Kombination aus systemischen und humanistischen Gedanken, über Kommunikation und Beratung zugleich schreiben zu können, eines *meiner* Inneren Dilemmata aufgelöst hatte. Und mir wurde immer klarer, dass ich – wie Jacques Derrida (1988) – eine ‚Strategie einschneidender Pluralisierung' vertrete – formal, sprachlich, inhaltlich und in allen denkbaren Bezügen, einschließlich der Persönlichkeit selbst. Denn Pluralisierungen beinhalten immer *auch* die Möglichkeit, sich anders, eben abweichend zu verhalten. Dies zu erkennen und anzuerkennen ist meines Erachtens ‚Lernen'. In diesem Sinne ist die folgende Untersuchung *auch* eine ‚Philosophie des Lernens' (vgl. Rank 1929).

So ist es meine unverhohlene Absicht, ein etwas anderes Buch zu schreiben.

Inhaltlich habe ich den hehren Anspruch, dass sich die Leser*in in Zukunft bewusster, mit Neugier und mit Freude ihren Inneren Dilemmata widmet, dass sie eine neue Sichtweise und Möglichkeit lernt, diese aufzuheben, um sich dann – nach einer erholsamen Pause – ihren neuen Inneren Dilemmata zu widmen.

Um dieses Ziel greifbarer – und die Struktur der Dilemmata *be*greifbarer – zu machen, bediene ich mich der Metapher und Analogie zu äußeren Konflikten. Jeder äußere Konflikt ist ein Aufeinandertreffen verschiedener Bedürfnisse verschiedener Personen. Jedes Innere Dilemma ist ein Aufeinandertreffen verschiedener Bedürfnisse in ein-und-derselben Person.

Als Körper ist jeder Mensch eins, als Seele nie.
(Hermann Hesse 1927, 66)

Wenn ich sage: 'Ich bin eifersüchtig',
beschreibt dies mich als Ganzes,
und vom tieferen Sinn hiervon bin ich überwältigt.
Die Vollkommenheit der Aussage
lässt mich Verachtung mir selbst gegenüber empfinden.
(O'Connor zit. nach Schwartz 1997, 28)

Das Modell des Inneren Teams basiert auf einem systemischen ‚Selbst'-Bewusstsein (vgl. Rohr 2001); jedoch kein Selbstbewusstsein im Sinne eines „Erlebens der geschlossenen Eigenheit und Einheit des persönlichen Ichs" (Psychologisches Wörterbuch, Dorsch 1992, 600). Es ist ein Selbstbewusstsein, ein Bewusstsein von einem selbst, im Sinne eines Erlebens der geschlossenen Eigenheit ***und*** der ***Pluralität*** des eigenen Ichs.

Jeder kennt Momente des Zweifelns. Jeder kennt Situationen, in denen man unsicher ist, in denen man sich unwohl fühlt. In eben solchen Situationen selbstbewusst zu sein, seines Inneren Dilemmas bewusst zu sein, ist Thema dieser Arbeit[10]. Denn eben solche Situationen sind Ausdruck Innerer Dilemmata und verdeutlichen, dass das ‚Selbst' keine Einheit ist, sondern dass der Einzelne aus vielen, teilweise sich widersprechenden Persönlichkeitsaspekten besteht. Jeder Einzelne wird als System verstanden (vgl. Bateson 1970).

Die Prämisse dieser Arbeit ist also, dass jeder Mensch zeitgleich mehrere unterschiedliche Bedürfnisse hat. Diese Bedürfnisse können sich in Gefühlen, in unterschiedlichen und sich widersprechenden Gedanken, in Ahnungen, psychosomatischen Krankheiten, Stimmungen, Süchten, heimlichen Wünschen (zum Beispiel anderen zu gefallen oder anderen zu genügen), spontanen Impulsen und in vielen anderen Gesichtern ausdrücken. Diese alle werden innerhalb der Arbeit mit dem Inneren Team als Persönlich-

10 Um den genannten Unterschied in der Bedeutung von Selbstbewusstsein zu explizieren, schreibe ich den Wortteil ‚Selbst' im Bezug dieser Arbeit in einfachen Anführungszeichen. Die Arbeit mit dem Inneren Team soll in genau denjenigen Situationen, in denen ich mich aufgrund Innerer Dilemmata nicht selbstbewusst fühle, eine Hilfe sein, mir selbst bewusst zu sein. Erst durch das Erkennen und Anerkennen der sich widersprechenden Bedürfnisse werde ich mich selbst wieder als Einheit erleben und in beiderlei Sinne ‚selbstbewusst' sein.

keitsaspekte oder synonym hierzu als Teile, Seiten oder Anteile der Persönlichkeit angesehen. Innere Dilemmata sind Probleme, Schwierigkeiten in gewissen Situationen, Selbstzweifel, Unwohlsein, Unsicherheit, mulmige Gefühle, Unzufriedensein sowie Entscheidungsschwächen. Sie sind Innere Machtkämpfe eben dieser unterschiedlichen Persönlichkeitsaspekte. In der Reflexion und Beratung anhand des Inneren Teams werden alle beteiligten Persönlichkeitsteile eines jeweils spezifischen Inneren Machtkampfes bzw. Inneren Dialoges ausfindig gemacht und in ihrer Bedeutung und Funktion für die Innere Gruppendynamik gesehen. Hierbei gelten die grundlegenden Annahmen und Haltungen sowohl der humanistischen als auch der systemischen Therapie.

So werden zum Beispiel in Anlehnung an eine systemische Grundhaltung alle Persönlichkeitsanteile mit ihrem grundlegenden Bedürfnis wertgeschätzt (siehe Kapitel 5.1.3). Erlebe ich mich selbst und andere in manchen Situationen als destruktiv, liegt die Kunst der Arbeit mit dem Inneren Team eben darin, diese grundlegenden und berechtigten – manchmal sogar lebensnotwendigen – Bedürfnisse *hinter* dem destruktiven Verhalten zu erkennen.

Voraussetzung für die Idee des Inneren Teams ist also die Annahme der Teilbarkeit der Persönlichkeit. Diese ist Prämisse jeder Analyse, die immer eine Zerteilung einer Ganzheit ist. Auch die Psyche ist eine Ganzheit, ein „Gebilde, dessen Eigenart nicht durch Zusammensetzen der Eigenschaften seiner Teile abgeleitet werden kann. Das Ganze weist vielmehr andere Eigenschaften als seine einzelnen Komponenten auf. So ist der Satz zu verstehen, dass das Ganze mehr als die Summe seiner Teile sei" (Dorsch 1992, 232).

Ich bin mir der Problematik von Analysen bewusst und hege nicht die Absicht, die Ganzheit ‚Psyche' gänzlich beschreiben, abbilden oder erklären zu können. Es ist auch nicht Ziel dieser Arbeit, herauszufinden, welche Teile die Ganzheit ‚Psyche' ausmachen; es ist Ziel, herauszufinden, ob es Sinn macht, in schwierigen Situationen individuelle Analysen Innerer Dialoge vorzunehmen. Es geht also nicht um das ‚was', sondern um das ‚wie'. Ich betrachte diese Arbeit als pragmatisches Konzept und als *eine* Sichtweise.

Ich möchte den Möglichkeitsraum der Sichtweisen vergrößern. Dies ist sowohl Ziel systemischen Denkens als auch Grundprinzip der Arbeit mit dem Inneren Team (vgl. 5.1.1).

Wie bei einer Melodie der einzelne Ton erst durch ein Zusammenspiel, durch seine Beziehung zu anderen Tönen, Ausdruckswert erhält, so ist es die Beziehung der Persönlichkeitsanteile untereinander, die unser Leben zu einer Melodie, d.h. zufrieden und ausgeglichen macht – oder eben nicht.

An dieser Stelle scheint es angebracht, auf eine Gefahr des Missbrauchs des

Modells des Inneren Teams hinzuweisen[11]: Die Arbeit mit dem Inneren Team ist in diesem Sinne kein wertendes oder moralisches Konzept. Ich gehe jedoch nicht so weit zu behaupten, die Arbeit mit dem Inneren Team sei ein Konzept des Amerikanischen Pragmatismus, der aus einer hermeneutischen Position die Moral als eine Summe von Vorurteilen sieht. Die Arbeit mit dem Inneren Team ist ein Analyse-Konzept *vor* jeder Moralität. In Bezug zur Frage, ob es Innere Dialoge gibt, gibt der Philosoph und Pädagoge John Dewey – ihr bedeutendster Vertreter – jedoch eine präzise Beschreibung: Überlegungen sind „eine dramatische Probe in der Phantasie für die verschiedenen konkurrierenden möglichen Handlungsrichtungen" (zit. nach Gehlen 1972, 264).

Ziel ist es, zwischen ‚möglichen Handlungsrichtungen' so zu entscheiden, dass man möglichst ‚zufrieden und ausgeglichen' ist.

Genau dies wiederum ist das ‚Feld' der Beratung und Psychotherapie, die es sich zur Aufgabe gemacht hat, anderen Menschen zu helfen, zufriedener zu sein. So möchte ich diese Untersuchung am Beispiel der vier 'großen' Therapierichtungen, die ja wiederum Konzepte entsprechender Psychologierichtungen sind, einordnen:

Gemäß der **Psychoanalyse** sind wir triebgesteuert und in unserer Vergangenheit behaftet. Aber das ist nur ein Teil von uns. In der **Verhaltenstherapie** kann ein Verhalten durch das Trainieren von kleinen Schritten (und Belohnungen dafür) gelernt bzw. umgelernt werden[12]. Aber das ‚funktioniert' nicht immer (weil es Innere Dialogteilnehmer*innen gibt, die das neue Verhalten nicht wollten) und entspricht nur einem Teil von uns. Die Konzepte der **humanistischen Psychologie** hegen das Ideal der autonomen Persönlichkeit (vgl. Schulz von Thun 1998, 16). Wir sind autonom, aber wir sind auch eingebunden in unsere Umwelt. Das Eingebundensein in die Umwelt ist immer ein Teil von uns. Der **systemische Ansatz** sieht uns immer als Teil eines Systems. Alles ist Kommunikation. Dennoch sind wir fähig, auf Einflüsse dieses Systems unterschiedlich zu reagieren. Wir sind fähig, zu wählen. Das Eingebundensein in eine Situation, in ein Umfeld, ist nur ein Teil von uns.

Das Modell des Inneren Teams ist nun der Versuch einer Synthese. Es ist von seinen Grundannahmen humanistisch (der Mensch ist autonom) und systemisch (und er handelt nach einer (Inneren) Kommunikation, nach Inneren Dialogen). Die Idee ist insofern systemisch, als dass sie davon ausgeht, der Mensch sei oft mit sich selbst nicht ‚eins' bzw. nicht mit sich

---

11 Keine wissenschaftliche Erkenntnis ist vor einem 'Missbrauch' gefeit, dies sagt bekanntlich nichts über die Bedeutung der Erkenntnis aus (vgl. z. B. Atomspaltung).

12 Um die nötige Selbstdisziplin zum Erstellen dieser Arbeit aufzubringen, bediente ich mich dieses Prinzips.

selbst einig. Insofern eignet sich das Innere Team als ‚Beispiel' bzw. als Veranschaulichung dieser Theorie-Einführung.

Einzelne Innere Dialogteilnehmer*innen wiederum können durchaus psychoanalytisch gefunden oder analysiert werden, da sie sich bzw. wir sie in unserer Kindheit entwickelt haben. Das Ergebnis der Reflexion anhand des Inneren Teams könnte dann durchaus mit verhaltenstherapeutischen Methoden in das Handlungsrepertoire aufgenommen bzw. durch verhaltenstherapeutischen Methoden ‚trainiert', also gelernt werden.

Ansatz- bzw. Ausgangspunkt einer Analyse im Sinne des Inneren Teams ist also nicht das konkrete Verhalten, die Situation oder die Beziehung zu anderen, sondern die Art und Weise, wie dieses oder jenes Verhalten zustande kommt. Der Untersuchungsgegenstand ist also der jeweilige ‚Schritt', der zeitlich vor einem Verhalten liegt. Dieser Schritt ist ein intrapersonaler Vorgang. Es ist ein Inneres Abwägen verschiedener Interessen, Bedürfnisse und (heimlicher) Wünsche, die sich in der Gestalt von Gefühlen und Gedanken zeigen. Bei den meisten Verhaltensweisen ist dieses Abwägen vorreflexiv, d.h. nicht bewusst. Insbesondere für Verhaltensweisen, die uns unglücklich machen, erscheint es sinnvoll, das Innere Abwägen, das Innere Dilemma bewusst zu machen. Im Folgenden subsumiere ich diese Gedanken und Gefühle unter dem Begriff der Persönlichkeitsanteile oder synonym: Innerer Stimmen, Innere Dialogteilnehmer*innen, Persönlichkeitsteile, Persönlichkeitsaspekte, Teilpersönlichkeiten, Teile und Seiten. Das Ergebnis des Inneren Machtkampfes dieser Teile ist dann diese oder jene Handlung.

Um die Struktur, die Beziehung dieser Teile zu untersuchen, wähle ich die Analogie zu äußeren Beziehungen. Im Sinne dieser Analogie werden die Persönlichkeitsaspekte personifiziert. Allerdings halte ich es für sinnvoll, jedem selbst zu überlassen, diese als Menschen zu betrachten (wie im Inneren Team bei Schulz von Thun 1998) oder lediglich in menschlichen Bezügen. Spätestens an dieser Stelle scheint es angebracht, eine Abgrenzung zur pathologischen ‚Multiplen Persönlichkeit' bzw. einer ‚dissoziativen Identitätsstörung' (DSM IV, Nr. 300.14) zu formulieren: Die Arbeit mit dem Inneren Team basiert auf der Prämisse, dass in schwierigen Situationen, also Konflikten oder Entscheidungsfindungen, verschieden Bedürfnisse ‚laut' werden, die miteinander konkurrieren. Es sind eben keine unterschiedlichen Identitäten oder Persönlichkeiten, sondern eben psychische ‚Atome'. Insofern könnte die Arbeit mit dem Inneren Team eventuell einem Menschen mit pathologischer Schizophrenie sogar ‚helfen', indem ihm bewusst wird, dass alle Menschen Teilpersönlichkeiten ‚haben'; Teilpersönlichkeiten jedoch, die je nur ein Gefühl, einen Gedanken repräsentieren, in dem ihm bewusst wird, dass alle Menschen Innere Teams haben, die aber je Situation völlig neu und nie gleich zusammen kommen, dass es Sinn macht, die Beziehungen dieser Persönlichkeitsanteile zu untersuchen.

Gegenstand dieser Untersuchung ist also der intrapersonale Prozess als Vorfeld von Kommunikation und Handlung. Humanistisches und systemisches Denken wird von der Therapeut*innen-Klient*innen-Beziehung übertragen auf die intrapersonale Beziehung einzelner Aspekte der Persönlichkeit.

Das Modell des Inneren Teams ermöglicht eine neue Einstellung zu sich selbst. Dabei impliziert sie zugleich dieselbe Einstellung zu einem Gegenüber und ist damit eine Einstellung zu Menschen im Allgemeinen. Es ist der Entwurf eines neuen Menschenbildes, eines, das humanistischem **und** systemischem Denken entspricht und es ist ein Menschenbild, das ‚schwierige Situationen' und ‚abweichendes Verhalten' als Chance zur Persönlichkeitsentwicklung sieht.

Krise ist ein produktiver Zustand.
Man muss ihm nur den Beigeschmack der Katastrophe nehmen.
(Max Frisch)

Ziel der Arbeit mit dem Inneren Team ist es, Krisen als produktiv anzusehen. Probleme und Krisen verdeutlichen Veränderungsbedarf. Sie kennzeichnen das Aufkommen unterschiedlicher und sich widersprechender Bedürfnisse. Sie sind Beginn einer Veränderung. Das Erkennen eben dieser Bedürfnisse nimmt der Krise den Beigeschmack der Katastrophe. Ziel der Arbeit mit dem Inneren Team ist es, einen Weg aufzuzeigen, die versteckten Bedürfnisse zu erkennen und anzuerkennen. Es soll gezeigt werden, dass gerade das Erkennen, Abwägen und Sich-stark-Machen für seine *unentdeckten* Bedürfnisse ‚Lernen' ist.

Thema der Arbeit mit dem Inneren Team sind Situationen, in denen ich unsicher bin, in denen ich nicht weiß, wie ich mich verhalten, was ich tun soll, Situationen, die mich unzufrieden machen. Ziel ist es, diese Situationen als ‚Gewinn' anzusehen und die eigenen Ambivalenzen als Entwicklungsprinzipien zu sehen. Ziel ist es, mich selbst besser verstehen zu lernen. Schon an dieser Stelle möchte ich darauf hinweisen, dass in eben solchen Situationen – und so auch im Modell des Inneren Teams – die Emotionen nicht unterschätzt werden dürfen. Teil (-nehmer*innen) der Inneren Dialoge sind direkt oder indirekt die unterschiedlichsten Gefühle. Doch auch Emotionen sind im Sinne des Inneren Teams letztlich Repräsentant*innen verschiedener Bedürfnisse beziehungsweise Konsequenz der Befriedigung (wie z.B. Freude) oder Nicht-Befriedigung (wie z.B. Ärger, Angst) von Bedürfnissen unterschiedlicher Innerer Dialogteilnehmer*innen. Aber: Die Macht über „unsere Gefühle und Leidenschaften ist viel schwächer als die über unsere Vorstellungen, und selbst letztere ist in sehr enge Grenzen beschlossen" (Hume 1982, 92). Aus diesem Grunde ist es sinnvoll, die Bedürfnisse *hinter* den Emotionen zu analysieren.

Innerhalb der Emotions-Forschung unterscheiden Friedlmeier und Holodynski drei Emotionsparadigmata: Das strukturalistische Emotionsparadigma, in dem Emotion als spezifischer psychischer Zustand gesehen wird, das funktionalistische Emotionsparadigma, in dem Emotionen eine spezifische psychische Funktion haben und das kontextualistische Paradigma, in dem die Emotion eine kokonstruierte psychische Funktion mit kulturellem Ursprung hat (vgl. Friedlmeier, Holodynski 1999, 5-22). Im Sinne des Inneren Teams ist eine Emotion ein psychischer Zustand: Sie ist der Ausdruck einer Inneren Stimme, eines befriedigten oder nicht befriedigten Bedürfnisses. Eine Emotion hat aber gleichzeitig eine Funktion, und zwar eine doppelte: Sie macht auf das ‚dahinterliegende' Bedürfnis aufmerksam und wie es befriedigt oder aber nicht-befriedigt, ignoriert, im Inneren Team übergangen wurde bzw. werden kann. „Emotionen haben die allgemeine Funktion, die Handlungen des Individuums unter dem Fokus der Motivbefriedigung zu regulieren. […] Man kann sagen, die Regulation erfolgt intrapsychisch" (Friedlmeier, Holodynski 1999, 21).

Im Modell des Inneren Teams werden die Wechselwirkungen zwischen Gedanken und Gefühlen – zwischen den unterschiedlichen Inneren Stimmen – erkannt und anerkannt. Gedanken sind demnach auch immer Bewertungsprozesse der Emotionen – vice versa. „Die Beobachtung, dass die Bewältigungshandlung auch auf die Emotion selbst Einfluss nehmen kann, indem sie eine Modifizierung der Bewertungsprozesse einleitet, – Lazarus und Folkman (1984) sprechen von ‚reappraisals' – bedeutet, dass Emotionen nicht nur die Handlung des Individuums regulieren, sondern auch umgekehrt Emotionen durch die Handlungen des Individuums reguliert werden" (Friedlmeier/Holodynski 1999, 14).

In der Affektlogik nach Ciompi (1999) z.B. wird dargestellt, wie groß die Wirkkräfte von Affekten auf die Kognitionen sind – und dass diese in den Humanwissenschaften vernachlässigt wurden. Die Affekte entfalten ‚Attraktor-Wirkungen' auf Denken und Handeln: Die Attraktoren systematisieren und hierarchisieren die Kognitionen. Dies hat zur Folge, dass nur zu den Affekten immanente Kognitionen überhaupt erst gedacht bzw. ebensolche Informationen wahrgenommen werden. Die Affektlogik erläutert, warum in depressiven Stimmungen nur dementsprechende bzw. verstärkende Gedanken gedacht und dem widersprechende Kognitionen als ‚irrelevant' empfunden werden. Ferner wird deutlich, dass in interpersonaler Kommunikation immer eine affektive Abstimmung vollzogen wird und dass diese den Kognitionen gegenüber eine ‚primäre' Rolle spielt. Im Sinne des Inneren Teams als einem Konzept der intrapersonalen Kommunikation werden auch affektive Abstimmungen vollzogen. Ziel einer Reflexion anhand des Inneren Teams ist jedoch immer, dass alle Inneren Dialogteilnehmer*innen ‚gleichwertige' Rollen spielen bzw. Bedeutungen haben.

2.3 Bezugsrahmen des Autors (als System)

Meine Faszination für die humanistische Psychologie – ich habe erst eine Weiterbildung zum Gestalttherapeuten gemacht – und dann auch für systemische Therapie und Beratung – hiernach habe ich Weiterbildungen zum systemischen Berater und systemischen Supervisor gemacht – brachten ein weiteres Inneres Dilemma: Was ist richtiger bzw. besser? Und was heißt ‚besser'? Oder:

Wann ist etwas besser als etwas anderes?
(Peter Hoeg, o.A.)

Eine weitere Frage, die sich mir aufdrängte, ist: Handelt es sich denn überhaupt um sich widersprechende Ansätze? Sind es unwillkürlich These und Antithese im Sinne Hegels? … sodass eine Frage, welcher der ‚Bessere' ist, erst gestellt werden könne oder müsse?

Sind sie also widersprüchlich oder haben sie einen anderen Fokus? Oder sind sie widersprüchlich, weil sie einen anderen Fokus haben? Und weiterhin meinem Inneren Dialog folgend: Kann man gleichzeitig zwei Fokusse ‚haben' bzw. wählen? Und eine, erste assoziative Antwort: Man kann immer nur einen Fokus auswählen!

Einen Fokus auswählen, heißt Komplexität reduzieren, negativ formuliert: Die Realität verfälschen. In der Regel wählt man eine vertraute Perspektive, einen vertrauten Fokus. Sprich: Die Inneren Teammitglieder, die auf die Bühne geschickt werden, haben sich in alten Konflikten bewährt. Und dennoch findet eben dieses Innere Team oft nicht Konfliktlösungen, die überdauern, die über einen kurzen Augenblick hinaus zufrieden machen.

Die Reflexion anhand des Inneren Teams kann in den unterschiedlichsten Settings/ Situationen unterschiedlicher Art eingesetzt werden. Sie kann als Selbst-Analyse, als Reflexion oder als Selbstoffenbarung einer eigenen Auseinandersetzung mit dem Inneren Team verbalisiert werden, sie kann aber auch nur in Gedanken stattfinden. Auch wenn Kant zum Beispiel die verbalisierte Selbstoffenbarung eher kritisch sieht:

> Das Aufmerken (attentio) auf sich selbst, wenn man mit Menschen zu tun hat, ist zwar notwendig, muss aber im Umgange nicht sichtbar werden; denn da macht es entweder geniert (verlegen) oder affektiert (geschroben). Das Gegenteil von beidem ist die Ungezwungenheit (das air dégagé); ein Vertrauen zu sich selbst ... (Kant 1964, 414)

Ich werde versuchen darzulegen, dass Kants Befürchtungen in der Regel nicht zutreffen.

Bandler und Grinder weisen ausdrücklich darauf hin (1982), dass nahezu alle Psychotherapien die Person der Klient*in in Teile oder Anteile aufteilen (als Beispiele nennen sie die Transaktionsanalyse, die Psychoanalyse, die Gestalttherapie und die Familientherapie nach Virginia Satir (1988 und 1990). Fast alle Psycholog*innen und Therapeut*innen scheinen sich einig, dass der Innere Dialog ein Wesensmerkmal des Menschen ist. Viele hiervon haben versucht, einzelne Entitäten zu differenzieren und zu benennen. Schon Freud teilte das Selbst in Über-Ich, Ich und ES. Viele Therapeut*innen ließen ihre Klient*innen in diese Persönlichkeitsteile ‚schlüpfen' und traten in einen Dialog mit ihnen, Perls (vgl. 1976, 1978) zum Beispiel mit seiner Methode des Leeren Stuhls und des Topdogs und Underdogs sowie Bandler und Grinder mit ihrem Neurolinguistischen Programmieren (vgl. 1981[1], 1981[2] und 1982).

2.4 Phasen des Inneren Teams nach Schulz von Thun

Schulz von Thun, Jahrgang 1944, war Professor am Fachbereich Psychologie der Universität Hamburg und lehrte dort die Schwerpunkte Beratung und Training. Seine psychologischen Wurzeln liegen in der humanistischen Psychologie, seine Ausbilder und Ausbilderinnen waren unter anderen Ruth Cohn, Anne-Marie und Reinhard Tausch.

Das Modell des ‚Inneren Teams' von Friedemann Schulz von Thun (1998) ist eine Persönlichkeitstheorie, ein kommunikations-psychologisches Modell und eine (alltägliche Selbst-)Beratungsmethode. Es ist eine Möglichkeit der inneren Konfliktbearbeitung. Die Stimmigkeit einer Kommunikation hänge – so Schulz von Thun – von der Übereinstimmung mit mir selbst und mit der Situation ab. Das Ideal einer guten (= ‚stimmigen') Kommunikation ist also die doppelte Übereinstimmung mit mir selbst und dem (systemisch geprägten) Gehalt der Situation. Hierin sieht Schulz von Thun die Verknüpfung zweier Denkrichtungen, der humanistischen und der systemischen.

Schulz von Thun stellt die Frage „Wie kommuniziere, wie verhalte ich mich ‚richtig'?" (1998, 12) und möchte der Leser*in mit dem Konzept des

‚Inneren Teams' eine ‚Anleitung zur Selbstbeantwortung' geben. Fast beiläufig erwähnt Schulz von Thun, dass hierbei „zwei Denkschulen [...] dabei miteinander zu verknüpfen und auszusöhnen sind: *das humanistische Denken* (mit dem Ideal der autonomen und sich verwirklichenden Persönlichkeit und *das systemische Denken* (mit der Erkenntnis, dass der Mensch nur als Teil eines Ganzen seine Identität gewinnt" (ebd., 16 – Herv. im Original). Eben dies zu untersuchen ist Teil dieser Arbeit.

In seiner Arbeit mit dem Inneren Team entwickelt er sechs ‚Lehren', die ich an dieser Stelle jedoch nur kurz und unkommentiert wiedergebe, da sie erstens implizit auch in den folgenden Kapiteln wiederzufinden sind und ich mich zweitens in dieser wissenschaftlichen Arbeit für die Überprüfung der genannten Thesen entschieden habe und nicht für das Herausstellen oder Kommentieren von ‚Lehren'. Um der Leser*in jedoch einen kleinen Einblick in das Konzept des Inneren Teams zu geben, nun kurz zusammengefasst die sechs Lehren, die gleichzeitig die Struktur bzw. Gliederung des Buches „Miteinander Reden 3. Das ‚Innere Team' und situationsgerechte Kommunikation" (Schulz von Thun 1998) sind. Um einen vertieften und sehr anschaulichen Einblick in die Arbeit mit dem Inneren Team zu bekommen, ist es absolut lohnenswert eben dieses Buch zu lesen:

---

1. Die Lehre von der inneren Pluralität des Menschen
2. Die Lehre von der inneren Führung
3. Die Lehre vom ‚inneren Konfliktmanagement'
4. Die Lehre vom Aufbau der Persönlichkeit
5. Die Lehre von der Variation innerer Aufstellungen
6. Die Lehre vom Gehalt einer Situation
(ebd., 18f)

Schulz von Thun schlägt für die Konfliktbearbeitung fünf Phasen vor. Er schreibt:

> „Die Vorgehensweise bei der inneren Konfliktbearbeitung ist derjenigen bei der Klärungshilfe realer Teams verblüffend ähnlich (Thomann 1998; Redlich 1997). In einer Hinsicht allerdings hat es der Klärungshelfer realer Teams leichter: Die am Konflikt Beteiligten sitzen bereits leibhaftig vor ihm. Hingegen sind die inneren Kontrahenten im Seelenleben eines Menschen zunächst oft schwer zu identifizieren, weil sie in die wildwüchsige Vielfalt der inneren Regungen, Gefühle, Gedanken und Körperempfindungen eingelagert sind und wie in einem Vexierbild erst

noch gesucht und entdeckt werden müssen." (Schulz von Thun 1998, 147)

Die fünf Phasen:

1. **Identifikation zweier Kontrahent*innen**
   Wer ist am Inneren Dialog beteiligt?
   In der ersten Phase wird das Problem, der ‚ursprüngliche Klumpatsch' aufgelöst und in ‚zwei antagonistische Energieträger*innen' differenziert.
2. **Monologische Selbstoffenbarung der Gegenspieler*innen**
   Was haben sie zu sagen, wofür stehen sie?
   In der zweiten Phase wird sich – am besten auf zwei verschiedenen Stühlen -jeweils in die zwei Kontrahent*innen ‚hineinversetzt' und sich alles aus eben deren Perspektive ‚von der Seele geredet'. Nun sollen der Protagonist*in und Antagonist*in Namen gegeben werden.
3. **Dialog: Sich auseinandersetzen und aneinander geraten**
   Nun treten die beiden Kontrahent*innen in ein Zwiegespräch. Hat einer der beiden Inneren Teammitglieder in der zweiten Phase ein eher negativ besetztes Image und dementsprechend einen ‚negativen' Namen, dann sollte dieser nun positiv umgedeutet werden.
4. **Versöhnung und teilweise Akzeptierung**
   „Nachdem die beiden, die Zielstrebige und die Gelassene, sich deutlich ‚auseinandergesetzt' haben und dabei auch heftig ‚aneinander geraten, sind, ist irgendwann vielleicht/hoffentlich der Zeitpunkt gekommen, wo sie die gegenseitige Verachtung und Erbitterung überwinden können und einander als wichtige und vollwertige Ergänzungspartner anerkennen können" (Schulz von Thun 1998, 151). Nach der Polarisierung in der dritten Phase ist die vierte Phase geprägt durch eine dialogische ‚Depolarisierung'. Ziel ist es, von beiden Kontrahent*innen die Botschaft zu erhalten „Ich bin o.k. – Du bist o.k." (vgl. Harris 2002).
5. **Teambildung durch das Oberhaupt**
   Das Oberhaupt, das Selbst, leitet nun die Teamkonferenz und macht mit den nun kooperativen Teammitgliedern Vereinbarungen zur konstruktiven Lösung des Problems aus
   (vgl. Schulz von Thun 1998, 148ff)

3 Erkenntnistheoretische Säulen

Die Innenansicht dessen, der in seinen erkenntnistheoretischen Irrtümern verstrickt ist, kann sich ändern, wenn er die Widersprüchlichkeit dieses Spiels und die Ambivalenz aller Taten und Unterlassungen bemerkt, d.h. wenn er sich tragisch erschüttern lässt und gleichzeitig darüber zu lachen lernt. Es mag nicht der einzige Weg aus der Verrücktheit sein, aber es ist einer der erfolgreichsten.
(Simon 1997, 278)

Das nun folgende Kapitel hat *zwei* Funktionen:

Erstens spiegelt es – wie bereits erwähnt – meinen anthropologischen Bezugsrahmen, mein ‚Menschenbild' wider. Da es sich letztendlich um eine subjektivistische Arbeit handelt – selbst wenn diese eine vermeintlich objektive Theorie-Einführung darstellt – ist der Autor selbst ‚das Exempel' und muss sich ‚erklären'. Ich habe die Problematik der ‚Objektivität' bereits erörtert und werde sie auch in den beiden folgenden Kapiteln sowohl explizit als auch implizit erneut analysieren.

Zweitens soll gezeigt werden, dass das theoretische Fundament der humanistischen Psychologie nicht in einem Widerspruch steht zu dem des systemischen Denkens, zumindest nicht in der Betrachtungsweise des Inneren Teams, in der der Einzelne als System gesehen wird.

Zuerst beschreibe ich diejenigen Gedanken, die auch philosophische Grundlage der humanistischen Psychologie und damit ebenso Grundlage dieser Arbeit, der Beschreibung des Inneren Teams als ein weiteres Modell der humanistischen Psychologie, sind.

3.1 Erkenntnistheoretische Säulen der humanistischen Psychologie

Die meisten der Autor*innen der humanistischen Psychologie benennen den theoretischen Hintergrund ihrer Konzepte mit Philosoph*innen, die man entweder der Existenzphilosophie oder der Phänomenologie zurechnen kann (vgl. auch Quitmann 1991). In diesem Kapitel werde ich also untersuchen, ob das Innere Team ebenfalls den Prinzipien dieser beiden ‚Philosophie-Schulen' entspricht.

3.1.1 Existenzphilosophische Erkenntnisse

Was aber ist denn dies mein Selbst?
Wollte ich von einem ersten Augenblick sprechen,
einem ersten Ausdruck dafür, so ist meine Antwort:
es ist das Abstrakteste von allem,
das doch in sich zugleich das Konkreteste von allem ist –
es ist die Freiheit.
(Søren Kierkegaard)

Søren Kierkegaard (1813-1855), der erste bedeutende Existentialist, beschreibt „eine Reflexion des inneren Handelns" (Löwith 1950, 179). Reflexion ist Erkennen und „alles wesentliche Erkennen betrifft die Existenz" (Kierkegaard zit. nach Weischedel 1993, 232). Und Erkennen ist immer für sich selbst erkennen. Kierkegaard (1994, 2000) setzt seine Hoffnung gegen die Nivellierungs-Tendenz seiner Zeit auf die Möglichkeit, dass sich das Verhältnis jedes Einzelnen zu sich selbst - eben durch Reflexion - verändert. Seine Methode ist eine exemplarische Analyse seiner eigenen Existenz. Auch diese Arbeit ist eine exemplarische Analyse und auf der anderen Seite gleichzeitig ein ‚Konzept'. Kierkegaard machte sich selbst zum Gegenstand, weniger als objektives Problem, sondern vielmehr, indem er selbst – als Wissenschaftler – Gegenstand der Untersuchung ist. Diese Vorgehensweise sei ‚Wahrheit' und nur dann, wenn die Forscher*in selbst Betroffene ist und wenn sie ebendiesen Vorgang, die Methode, ebenso als Wahrheit begreift. Wahrheit sei nur für denjenigen lebendig, der sie sich entschlossen aneignet und in seiner konkreten Existenz verwirklicht. Diesen Gesichtspunkt wendet Kierkegaard also auch auf sich selbst an: „Es gilt eine Wahrheit zu finden, die Wahrheit für mich sein kann, die Idee zu finden, für die ich leben und sterben will" (zit. nach Weischedel 1993, 233). Ob zum Beispiel eine Theorie oder Meinung für jemanden Wahrheit werden kann, hängt davon ab, ob sie mit ‚Leidenschaft' ergriffen werden kann. „Als existentieller Denker muss er den Begriff des Menschen aus der Selbsterfahrung gewinnen. Diese aber ist für ihn die Erfahrung der Fremdheit zur Welt und zu sich selbst, der **inneren Zerrissenheit**, der abgründigen Angst, der Verzweiflung" (ebd., 233 – Herv. D.R.).

Im Sinne des Inneren Teams beinhaltet jedoch diese innere Zerrissenheit ebenso – sozusagen als innere Antithese – gegenteilige Gefühle zu abgründiger Angst sowie Verzweiflung: Geborgenheit und Vertrauen. Kierkegaards Analyse fokussiert Erstere. Diese Angst und dieses Zweifeln oder Verzweifeltsein gilt es nach Kierkegaard auszuhalten, denn erst in dieser Angst entdeckt der Mensch die Möglichkeit seiner Freiheit. In der Entscheidung für oder gegen eine Möglichkeit des Handelns realisieren wir unsere Freiheit. Und diese 'innere Zerrissenheit' und die Suche nach einer Entscheidung ist genau das, was der ‚Innere Machtkampf', also der Ausgangspunkt der Arbeit mit dem Inneren Team ist. Sowohl nach Kierkegaard als auch dem Modell des Inneren Teams geht es in einem ersten Schritt darum, sich diese 'innere Zerrissenheit' bewusst zu machen (und sie somit 'auszuhalten', um mit Kierkegaard zu sprechen) und gleichzeitig die Freiheit, die Möglichkeit verschiedener Handlungsalternativen, zu realisieren. Dieser existenzphilosophische Gedanke ist demnach grundlegende Voraussetzung dieser Arbeit. Neben dieser 'Selbsterfahrung' (ebd.) geht Kierkegaard auch auf das Eingebundensein des Menschen in seine Umwelt ein: Der Mensch ist nicht allein auf sich gestellt. Aus dem Zustand dieser inneren Zerrissenheit findet er nur einen Ausweg, „wenn sich ihm – ohne sein Zutun – eine neue Möglichkeit öffnet" (ebd., 234). Das ist Gott.

Im Sinne dieser Untersuchung wird eine neue, weitere Möglichkeit eröffnet: Der Mensch findet auch dann einen Ausweg, wenn er sich – durch die Durchführung eines Selbstanalyse-Konzepts, einer Reflexion Innerer Dialoge – weitere Möglichkeiten eröffnet.

Jean-Paul Sartre (1905-1980), der bedeutendste Vertreter des Existentialismus seiner Zeit (und des atheistischen Existentialismus), sieht im Gegensatz zu Kierkegaard in der Möglichkeit der Freiheit gleichzeitig eine Verurteilung zur Freiheit; d.h. wir können nicht nur wählen, wir müssen es (Sartre 1986, 1989, 1997, 2001). Aus dem Philosophieunterricht meiner eigenen Schulzeit kann ich mich noch an einen Satz Sartres erinnern: „Jeder Mensch ist frei" (o.A.). Das hatte mich fasziniert. Auch wenn sich Sartre selbst von der Radikalität und Universalität dieser Aussage später distanzierte (vgl. Quitmann 1991, 62), betonte er weiterhin die Verantwortlichkeit, die jeder Mensch durch sein Tun (und Nicht-Tun) sich selbst gegenüber hat. „Freiheit ist jene kleine Bewegung, die aus einem völlig gesellschaftlich bedingten Wesen einen Menschen macht, der nicht in allem das darstellt, was von seinem Bedingtsein herrührt" (Sartre zit. nach ebd., 63). Im Sinne des Inneren Teams ist Freiheit jene Wahl von Handlungsmöglichkeiten, die durch eine ‚Innere Konferenz' der Teilpersönlichkeiten, durch eine Anhörung aller Gedanken, Gefühle, Wünsche, Bedürfnisse, aller Teile entsteht. Jedes Individuum ist frei, je nachdem welcher inneren Stimme es ein größeres

Gewicht zuteilt. Und es ist verantwortlich dafür. Es trägt das Risiko, eine Handlung, eine Entscheidung, ein Verhalten im Nachhinein subjektiv als falsch zu empfinden. Das ist die ,Qual der Wahl'.

Abschließen möchte ich dieses Kapitel mit einem eher unbekannten Existentialisten: In seinem ,Roman eines Schicksallosen' beschreibt der Auschwitz überlebende Schriftsteller Imre Kertész in bewegender und teilweise provozierender Art und Weise, wie er *seinen* Existentialismus in Auschwitz und Buchenwald gelebt hat bzw. wie man mit Hilfe von existentialistischen Gedanken die Erfahrungen in Auschwitz und Buchenwald erleben, verarbeiten und wiedergeben *kann*:

> Wenn es ein Schicksal gibt, dann ist Freiheit nicht möglich: wenn es aber – so fuhr ich fort, selbst immer überraschter, immer erhitzter – die Freiheit gibt, dann gibt es kein Schicksal, das heißt also – ich hielt inne, aber nur um Atem zu holen –, das heißt also, wir selbst sind das Schicksal – dahinter war ich plötzlich gekommen, und zwar in diesem Augenblick mit einer solchen Klarheit wie bisher noch nie. (Kertész 1998, 284)

3.1.2 Phänomenologische Vorgehensweise

Nach Husserl (1859-1938) ist Erkenntnis nur durch systematisches Ausblenden von Vorurteilen, Vorverständnissen bzw. ,vorgefassten Meinungen' möglich (vgl. Hügli und Lübcke 2000, 296). Phänomenologie ist nach Husserl „nicht Erkenntnis im eigentlichen Sinn, sondern geistiges Schauen, Intuition“ (Quitmann 1991, 41).

Ihr Thema ist „die Beantwortung der Frage, wie die Welt dem Menschen und er dabei sich selbst zu Bewusstsein kommt. Was jedermann faktisch erlebt, wenn er handelnd und leidend, empfindend und fühlend, wahrnehmend und denkend, schaffend und verbrauchend sich zur Welt verhält, wird als eine **Mannigfaltigkeit** von Sachverhalten betrachtet, die im Bewusstsein des Individuums … in ,Erscheinung' treten und so als Phänomene auf dessen verschiedenen Reflexionsebenen sprachlich darstellbare Form und verständlichen Sinn gewinnen. … Die phänomenologische Beschreibung ist aber nun eine besondere Form der Beschreibung, weil sie etwas anschaulich machen will, was man an sich nicht sehen kann: **Bewusstseinsvorgänge**“ (Loch 1983, 156 – Herv. D.R.) Hier wird eine Parallele zur Arbeit mit dem Inneren Team deutlich, die Bewusstseinsvorgänge in ihrem Ausdruck durch innere Stimmen veranschaulichen will. „Der Phänomenologe will bei seinen Beschreibungen nicht (wie der Hermeneutiker) den in menschlichen Ausdrucksweisen verborgenen Sinn ,auslegen', sondern den leibhaftigen menschlichen Verhaltensweisen überhaupt erst den Sinn ,einlegen', der sie verständlich macht" (Loch 1983, 157). Nach Husserl (1913, 1950) ist das phänomenologische Vorgehen ‚kreatives' Interesse an der Entstehung des ‚Ich' und der Entstehung der (Vorstellung der) Welt in diesem ‚Ich'.

Bewusstsein ist intentional, d.h., „dass es strukturell von der Lebenstätigkeit der handelnden Personen in ihrer Lebenswelt bestimmt ist" (Kron 1999, 193).

In der Methodik ist der erste Schritt, Epoché genannt, die ‚innere Wahrnehmung' (Husserl) der angestrebten Erkenntnis, ein Zurücknehmen der Vorurteile und Meinungen. „Zunächst ist von der Intentionalität des Bewusstseins des Forschers auszugehen und die darin liegenden Bewusstseinsinhalte festzustellen, insofern sie sich auf den zu erkennenden Gegenstand beziehen" (Kron 1999, 194).

In der Arbeit mit dem Inneren Team wird versucht, die Intentionalität einzelner Innerer Dialogteilnehmer*innen zu erkennen, wertzuschätzen und im Weiteren zu berücksichtigen. Damit ist das Innere Team als Modell ein Epoché. Vorurteile und Meinungen werden – genauso wie andere Gedanken, Gefühle und Stimmungen – identifiziert, Zug um Zug vorgestellt und letztlich auch ‚zurückgenommen' (aus einer Perspektive des Selbst). Sie können ‚zurückgenommen' werden (vom Selbst) bzw. nehmen sich selbst zurück, wenn sie zuvor als autonome Aspekte betrachtet und in ihrer Bedeutung untersucht und wahrgenommen wurden. Die Radikalität (unerwünschter Persönlichkeitsaspekte) und Polarität werden verschwinden.

In einem zweiten Schritt wird das Phänomen gedanklich und sprachlich präzisiert, d.h. das Alltagsbewusstsein und die natürliche Einstellung werden reduziert (‚phänomenologische Reduktion'). Eine sprachliche sowie gedankliche Präzisierung entspricht ebenfalls dem Modell des Inneren Teams. Letztlich muss auch die Arbeit mit dem Inneren Team mit Reduktionen auskommen, entscheidend ist die Auswahl, der Fokus. Hier ist jede Reflexion des Inneren Teams individuell anders.

Der dritte Schritt ist die eigentliche Wesensschau, die ‚eidetische Reduktion'[13], die Ausklammerung aller vorangegangener Einstellungen. Es wird von den Einzeldingen und seinen Besonderheiten und Zufälligkeiten im Erscheinungsbild abgesehen (vgl. Kron 1999). Einen vierten Schritt nennt Husserl die ‚transzendentale Reduktion', die zu einer transzendentalen Subjektivität führt.

13 *eidos* (griech.): Urbild, Gestalt, Begriff, Idee

> „Die bekannte philosophische Formel Descartes, die letztlich auch für Husserl leitend war, nämlich ‚cogito ergo sum', wird durch Merleau-Ponty quasi auf den Kopf gestellt: ‚sum ergo cogito'. Nicht mein Sein wird durch das Denken begründet, sondern umgekehrt: Die Wiese meiner Existenz bestimmt mein Denken. Leiblich-sinnlich-geschichtlich bin ich zur Welt; und nur als solcher kann ich erkennen; nur in diesem Sinne kann von ‚Bewusstsein' gesprochen werden" (Danner 1994, 137).

Die Intentionalität des Bewusstseins ist nach Merleau-Ponty vorreflexiv. Durch die Arbeit mit dem Inneren Team sollen die Intentionalitäten (Plural!) aus dem Stadium des Vorreflexiven ins Bewusstsein gelangen. Nach Merleau-Ponty (1966) als auch nach dem Modell des Inneren Teams setzt Wahrnehmung biographische Vergangenheit und Körperlichkeit, Sprachlichkeit und lebensweltliche Interaktion, also Intentionalität, voraus.

3.2 Erkenntnistheoretische Säulen des systemischen Ansatzes

Die meisten der Autor*innen der systemischen Therapie und Beratung benennen den theoretischen Hintergrund ihrer Konzepte mit Philosoph*innen, die man entweder der Poststrukturalistischen, der konstruktivistischen, der systemtheoretischen, der autopoietischen oder ökologischen Philosophie zurechnen kann (vgl. auch von Schlippe/Schweitzer 2013, 87-128). In diesem Kapitel werde ich das Modell des Inneren Teams dahingehend analysieren, ob es ebenfalls den Prinzipien dieser ‚Philosophie-Schulen' entspricht.

3.2.1 Poststrukturalistische Philosophien

Sogenannte post- oder neostrukturalistische Gedanken und ähnliche andere, postmoderne und sprachphilosophische Überlegungen, die das Ende der Meta-Erzählungen (bzw. Meta-Theorien) und das Ende der großen Entwürfe deklarierten, entwickelten sich Ende der 1980er Jahre und begannen von da an, die systemische Therapie und Beratung zu beeinflussen (vgl. von Schlippe/Schweitzer 2013, 124f). So sieht Wolfgang Welsch (1991, 4) z.B. im Poststrukturalismus eine ‚Verfassung radikaler Pluralität', und zwar auf verschiedenen Ebenen: der Gesellschaft, des einzelnen Menschen, der jeweils selbst im Plural lebt und „in sich selbst gegensätzliche Ideen und Lebensweisen vereinigt" (ebd.), und der Theorien an sich. Welsch fordert ein Nebeneinander, einen „grundsätzlichen Pluralismus von Sprachen, Modellen, Verfahrensweisen" (ebd.) und das in jedem einzelnen (theoretischen) Werk.

Richterich beschreibt postmodernes Denken als ‚Neugierde', als „... sich selbst gegenüber immer im Zweifel behalten, sich nie ganz ernst nehmen" (1993, 29). Die Herangehensweise der postmodernen Philosoph*innen ist die Dekonstruktion, das Erkennen und Anerkennen der Vielfalt von ‚Geschichten' und der Komplexität. Ziel ist es, neue Sinnprozesse und neue Möglichkeiten zu finden, zu erfinden. Für die Therapie schreiben von Schlippe und Schweitzer: „In der Gegenwart nutzen viele Therapeuten eher die Vielfalt der Möglichkeiten für die Entwicklung eines eigenen Stils, als dass sie sich auf einen einzigen, großen psychotherapeutischen Entwurf stützen und ausschließlich nach ihm operieren" (2013, 125f).

Im System dieser Arbeit bietet sich eine Übertragung auf das Individuum an: Mit der Reflexion anhand des Inneren Teams können viele Menschen die Vielfalt (der einzelnen Persönlichkeitsaspekte) der Möglichkeiten für die Entwicklung mehrerer eigener Stile (eben nicht nur eines einzelnen Stils) nutzen, statt sich auf einen einzigen, gewohnten (oft negativen) Entwurf zu stützen und ausschließlich nach ihm zu operieren.

Der bedeutende postmoderne (und poststrukturalistische) Denker Michel Foucault (1926-1984) setzte sich hauptsächlich mit dem Thema ‚Macht' auseinander. Deswegen ist er auch in besonderem Maße von Bedeutung für die Inneren Machtkämpfe, die durch die Arbeit mit dem Inneren Team bewusst werden.

Macht, so Foucault (1976), reproduziere sich durch ‚verbotene Worte', durch Tabus. Im Inneren Team sind es die unausgesprochenen Inneren Stimmen, die sich als Verbote bemerkbar machen. In der interpersonalen Kommunikation bezieht sich Foucault vor allem auf die Bereiche Politik und Sexualität. Diese implizieren eine Unterscheidung zwischen ‚Vernunft' und ‚Wahnsinn' und zwischen ‚Wahrem' und ‚Falschem' (vgl. von Schlippe/Schweitzer 2013, 126). Durch Macht bzw. durch ‚soziale Herrschaft' werde dem Individuum das Wissen um seine Freiheit zum selbstbestimmten Existenzentwurf genommen.

Meines Erachtens spielen vergleichbare Mechanismen im intrapersonalen System eine ähnliche Rolle, d.h. internalisierte Forderungen wie ‚Du sollst ...', ‚Das ist vernünftig', ‚Das denkt man nicht einmal' oder ‚Das tut man nicht' haben innerhalb des Inneren Machtkampfes oft herausragende Bedeutung. Diese Bedeutung haben sie wiederum aus dem Grunde, dass eben dementsprechend kontrolliertes Verhalten sozial akzeptiert und erwünscht ist und somit Bestätigung zur Folge hat. Entscheidend für eine Arbeit mit dem Inneren Team im Sinne einer Eigen-Analyse bzw. Selbsthilfe ist folgende postmoderne Schlussfolgerung: „Der Mensch als ‚souveränes Subjekt jeder möglichen Erkenntnis' trägt die Fähigkeit zur Suche nach alternativem Wissen bereits in sich" (ebd., 126f).

In der Einleitung habe ich schon Jacques Derrida (geb. 1930), einen

Schüler Foucaults, mit seiner Strategie einschneidender Pluralisierung zitiert. Diese Strategie der Pluralisierung übernehme ich formal, sprachlich, inhaltlich und in allen denkbaren Bezügen, einschließlich der Persönlichkeit selbst – ohne nun wiederum diese Theorie als Meta-Theorie oder Meta-Entwurf zu betrachten.

Wie bereits erwähnt, beinhalten diese Pluralitäten immer auch die Möglichkeit, sich anders, abweichend zu verhalten. Das zu erkennen und anzuerkennen ist meines Erachtens Voraussetzung allen Lernens. Doch um die Strategie der einschneidenden Pluralisierung zu verschriftlichen, braucht es „ein neues Schreiben – eines, das mehrere Sprachen zugleich spricht und mehrere Texte zugleich hervorbringt" (Derrida, zit. nach von Schlippe/Schweitzer 2013, 127), ein nicht-lineares, eines, das Wechselwirkungen, Zweifel, Zirkularität, Differenzen und Unbeschreibliches beinhaltet. Die Sprache – und somit unser Denken und oftmals auch das Fühlen – reduziert die Pluralität bzw. die Ganzheit.

Die Grenzen meiner Sprache bedeuten die Grenzen meiner Welt. (Ludwig Wittgenstein, o.A.)

Zuerst bringt die Sprache vermeintliche Wahrheiten hervor. Doch da Wahrheit immer auch anders/abweichend gesehen werden kann, gibt es eine Gegendarstellung, einen Gegensatz. Innere oder äußere Machtkämpfe erscheinen als fast unumgängliche Konsequenz.

Eine Dekonstruktion dieses Gegensatzes besteht dann darin, auf der einen Seite ‚im gegebenen Augenblick die Hierarchie umzustürzen' und auf der anderen, die Vielfalt der gleichberechtigten Persönlichkeitsaspekte anzuerkennen (vgl. Derrida 1988). Oftmals sind es dann die vermeintlich starren Rahmenbedingungen, die uns weitere Alternativen, Möglichkeiten, Kreatives und Neues nicht denken lassen. Dekonstruktivist*innen hegen immer die Absicht, diese Rahmenbedingungen, Begriffs- und Regelsysteme aufzubrechen. Diese Arbeit ist ein Plädoyer und eine Hilfestellung, die eigene Pluralität zu erkennen, und zwar durch das Denken der Differenzen, durch das Aufbrechen von Begriffssystemen und durch das Dekonstruieren bzw. das Verlassen der Vernunftseite (vgl. von Schlippe/Schweitzer 2013, 127). Derrida beschreibt dies als Paradoxie, die es auszuhalten gilt (vgl. Derrida 1988). Auch in der Arbeit mit dem Inneren Team ist man sich des Paradoxons eigener Theorien bewusst und auch hier geht es darum, es auszuhalten – um es dann jedoch zu ‚analysieren'.

Für mich und die Leser*in heißt es weiterhin auszuhalten, dass ich als dekonstruktivistischer Autor sowohl die Seite der Vernunft verlassen muss als auch eine wissenschaftliche Arbeit schreiben will – mein Inneres Dilemma nach Derrida.

3.2.2 Konstruktivistische Konzepte

Unser Wissen ist nach Bateson „als systemspezifische interne Konstruktion" zu verstehen (1987, 212). Erkenntnis und Wissen werden „nicht mehr als Suche nach ikonischer Übereinstimmung mit der ontologischen Wirklichkeit, sondern als Suche nach passenden Verhaltensweisen und Denkarten verstanden" (ebd.).

Im Modell des Inneren Teams wird Wissen und Denken als Interne Konstruktion angesehen; die Reflexion anhand des Inneren Teams ist selbst eine Suche nach passenden Verhaltensweisen. Das Innere Team in seinem anthropologischen Verständnis ist eine mögliche persönliche Entwicklung, also eine Ontogenese, als Möglichkeit, sich auch anders zu verhalten, als Möglichkeit des Lernens (und damit des Konstruierens von Wirklichkeiten).

Bateson weist darauf hin, dass das meiste Lernen eine „Interpunktion des Kontextes" ist und diese „(a) aus der frühen Kindheit tradiert und (b) unbewusst ist" (1988 388). Wir haben in der Vergangenheit aus der Not des Überlebens Gewohnheiten entwickelt, Rituale erfunden bzw. Verhaltensmuster erlernt, die uns im Hier-und-Jetzt oft Innere Dilemmata bereiten, weil die Wirklichkeitskonstruktionen einzelner Innerer Dialogteilnehmer*innen in der Vergangenheit behaftet sind.

Von einer ‚Konstruktion von Wirklichkeiten' anstelle einer ontologischen Wahrheit zu sprechen, erinnert an die Gedanken Kants, ist jedoch radikaler, zumindest gilt dies für den sogenannten ‚radikalen Konstruktivismus', auf den ich mich hier in erster Linie beziehe:

> Und wenn man, im Anschluss an seinen eigenen Ausdruck, Kants Lehre in den Satz zusammenfassen kann, die Möglichkeit des Erkennens erzeuge zugleich für uns die Gegenstände des Erkennens - so bedeutet die hier vorgeschlagene Theorie: die Nützlichkeit des Erkennens erzeugt zugleich für uns die Gegenstände des Erkennens.
> (Georg Simmel, zit. nach von Glasersfeld 1998, 20f)

Simmels Erkenntnis der ‚Nützlichkeit' als entscheidenden Faktor von Erkenntnis beschrieb er bereits 1895 in seinem Aufsatz „Über eine Beziehung der Selectionslehre zur Erkenntnistheorie" (Simmel 1895).

Neben Ernst von Glasersfeld ist Heinz von Foerster einer der bedeutendsten Vertreter*innen des (radikalen) Konstruktivismus. Bekannt geworden ist von Foerster u. a. durch den provokativen und scheinbar widersprüchlichen Satz:

Wer von Wahrheit spricht, ist ein Lügner.
(Heinz von Foerster, o. A.)

Von Foerster versucht, seine erkenntnistheoretischen Annahmen wie z. B. „Die Umwelt, so wie wir sie wahrnehmen, ist unsere Erfindung" (1999, 40) durch neurophysiologische Experimente zu belegen und zu veranschaulichen. So weist er z. B. nach, dass – obwohl wir eigentlich immer einen blinden Fleck in unserer visuellen Wahrnehmung aufweisen müssten[14] – ‚fleckenlos' sehen (vgl. ebd.). Er kommt zu der Schlussfolgerung, dass wir nicht sehen können, dass wir nicht sehen. Das Phänomen des blinden Flecks ist ein Problem 2. Ordnung auf der Ebene des Erkennens. Dieses Problem zeigt sich auch auf der Ebene von Begriffen. Ist das Wort ‚Zweck' ein Begriff 1. Ordnung, so spricht man davon, dass etwas einen Zweck hat. Versteht man den Begriff als einen der 2. Ordnung, so lautet die Frage, was der Zweck des Zwecks ist. Die Perspektive wird verlagert von dem Beobachteten auf die Beobachter*in, die diesen Begriff in ihrer Beobachtung benutzt. Jede Beobachter*in setzt nun andere Unterscheidungen. Sie sieht etwas, aber sie übersieht auch immer etwas.

Diese Argumentation erhärtet sich durch das Prinzip der undifferenzierten Codierung: „In den Erregungszuständen einer Nervenzelle ist nicht die physikalische Natur der Erregungsursache codiert. Codiert wird lediglich die Intensität dieser Erregungsursache, also ein ‚Wie viel', aber nicht ein ‚Was' (ebd., 43). Wenn jetzt aber nur die Reizintensität und die Koordinaten einer Reizquelle zur Verfügung stehen, stellt sich das Problem des Erkennens von Wirklichkeit. von Foerster umschreibt Erkennen als das Errechnen einer Wirklichkeit (vgl. ebd., 44). Er bezeichnet Realität als etwas von jedem selbst Geschaffenes und nicht als eine Realität, die wir praktisch wiedergeben, die wir bestätigen. Diese Auffassung hat zur Folge, dass jeder nur das wahrnimmt, was „er sich errechnet" (ebd.). Von daher können wir nicht von einer einheitlichen Wirklichkeit ausgehen und auch nicht wissen, wie für jemand Anderen die Wirklichkeit ist.

Innerhalb des Inneren Teams haben unterschiedliche Persönlichkeitsaspekte unterschiedliche Wirklichkeiten. Die sich durchsetzende Wirklichkeit innerhalb der Kommunikationsgemeinschaft der Persönlichkeitsaspekte, als

14 Der blinde Fleck befindet sich an der Stelle, an der der Sehnerv aus der Netzhaut tritt.

des Inneren Machtkampfes ist dann die errechnete Wirklichkeit und wird in der Regel als ‚die Wirklichkeit' betrachtet und geäußert.

Von Foerster führt eine Reihe von Beispielen an, in denen die Unmöglichkeit deutlich wird, in einen anderen Menschen hineinzuschauen. Unsere Bewertung oder Einschätzung ist immer abhängig von unserem Blickwinkel, von unseren Vorannahmen. Zur Erklärung dieser Unmöglichkeit trifft er die Unterscheidung zwischen trivialen und nicht-trivialen Maschinen. Triviale Maschinen sind für die Betrachter*in durchschaubar. Sie sind durch sie steuerbar, weil sie determiniert und vorhersagbar sind; zumindest, wenn die Betrachter*in alle Informationen zur Steuerung dieses Systems zur Verfügung hat, wenn die Transformationsregeln für sie verlässlich sind und wenn diese das System unabänderlich von einem Zustand in einen anderen bringen. Im Gegensatz dazu stehen die nicht-trivialen Maschinen. Die nicht-trivialen Maschinen hängen in ihren Operationen von ihrem jeweiligen inneren Zustand ab. Dieser Zustand wiederum ist dynamisch und wurde von der jeweils vorherigen Operation beeinflusst.

> Die wesentliche Eigenschaft der nicht-trivialen Maschine besteht darin, dass ihre Transformationsregel nicht mehr konstant ist, sondern sich von Schritt zu Schritt, von Operation zu Operation ändern kann; die Regel, nach der sich die Transformationsregel ändern soll, könnte man eine ‚Transformationsregel zweiter Ordnung' nennen. Eine nicht-triviale Maschine ist, sozusagen, eine Maschine in einer Maschine, eine ‚Maschine zweiter Ordnung'. (von Foerster 1999, 21)

Innere Teams sind somit nicht-triviale Maschinen, da sich deren (Transformations-) Regeln von Situation zu Situation, von Handlung zu Handlung unterscheiden. Das Innenleben der nicht-trivialen Maschine ist somit für die Außenstehenden nicht mehr zugänglich. Es ist aufgrund ihrer Komplexität nicht mehr begreifbar. Wir können uns ihr immer nur annähern. Eine solche Annäherung an die Komplexität der Systemebene ‚Psyche', an unser Innenleben ist z.B. die Idee der systemischen ‚Selbst'-Analysen. „Lebende, dynamische Systeme verfügen offenbar über eine potentiell unendlich große Bandbreite von Möglichkeiten, sich zu verhalten" (von Schlippe/Schweitzer 2013, 92). von Foerster beschreibt diese Eigenschaft nicht-trivialer Systeme als ‚transcomputional', da die Verhaltensmöglichkeiten jenseits aller Berechenbarkeit liegen.

Als Beispiel nennt von Foerster, dass in der Schule häufig eher Trivialisierung – Blockierung innerer Zustände, mögliches Unterbinden von eigenständigem Denken und Belohnen von vorhersagbarem Verhalten – denn wirkliches Lernen stattfindet.

Die nicht-trivialen Maschinen nehmen immer wieder auf sich selbst Bezug, wie die Maschine in der Maschine; sie sind selbstreferentiell. Mit dem Systemtheoretiker Niklas Luhmann gesprochen: „Das gesamte Nervensystem beobachtet ja nur die wechselnden Zustände des eigenen Organismus und nichts, was außerhalb stattfindet" (1984, 36). Erkennen und Lernen sind selbstreferentielle, rekursive Prozesse. Was neu oder interessant ist, gilt immer nur für uns und in Relation zu unserem Wissen (Siebert 1999, 201).

Der Mensch gilt als autonomes Wesen, so dass „das System nicht nur auf das einwirkt, was es ‚sieht', sondern auch auf das, womit es das ‚Gesehene' verarbeitet" (von Foerster 1999, 57). Und dieses, ‚womit' ist das Innere Team. Es sind somit nicht-triviale Bedingungen, das sogenannte Postulat der kognitiven Homöostase[15], nach denen das System funktioniert: „Das Nervensystem ist so organisiert – oder organisiert sich selbst so –, dass es eine stabile Wirklichkeit errechnet" (ebd.). Von Foerster folgert hieraus, dass für jeden lebenden Organismus diese Selbst-Regelung Autonomie bedingt, und somit eine Regelung der Regelung ist (vgl. ebd., 58). Wenn man nun als Einzelner über sein Tun frei entscheiden kann, ist man damit für seine Handlungen verantwortlich. Somit schließt die Autonomie die Verantwortlichkeit mit ein. Insofern bin ich auch immer für das verantwortlich, was ich als Wirklichkeit konstruiere. Da ich allerdings nicht ohne Kontakt zu anderen und somit zu anderen Wirklichkeitskonstruktionen lebe, kann ich nicht davon ausgehen, dass meine Wirklichkeit die einzig wahre sei. Jeder andere kann dieses ebenso für sich in Anspruch nehmen. Hieraus folgert von Foerster in einer meines Erachtens unzulässigen Reduktion: „Wirklichkeit = Gemeinschaft" (ebd., 59). ‚Passender' finde ich eher die Formulierung Watzlawicks: „Im Sinne des bisher Gesagten erweist sich nämlich die Wirklichkeit zweiter Ordnung als Resultat von Kommunikation" (1998², 95), als Resultat sowohl der zwischenmenschlichen, wie auch der Inneren Kommunikation, der Kommunikation von Persönlichkeitsanteilen.

Von außen kann der Mensch höchstens ‚be-lehrt' werden; lernen kann er nur durch sein ‚Einpassen' in vorhandene Strukturen. „Menschen vergleichen neues Wissen mit vorhandenem Wissen, beziehen neue Erfahrungen auf frühere Erfahrungen" (Siebert 1999, 202). Dieses Einpassen wird hier als Innerer Dialog betrachtet. „Als strukturdeterminierte Wesen hören wir, was wir hören – nicht, was andere sagen" (Maturana 1994, 236).

Äußere Einflussnahme kann es allenfalls durch Verstörungen, sogenannte Perturbationen geben. Neue, ungewohnte Situationen und Umge-

---

15 Homöostase bezeichnet die dynamische Selbstregulation als die Bedingung eines Systems. Sie liegt dann vor, wenn das System sich trotz unerwarteter Störungen innerhalb akzeptierbarer Grenzen erhalten kann (vgl. O'Connor/McDermot 1998).

bungen können beispielsweise zu solchen Verstörungen führen. Ebenfalls kann man neues Wissen oder Lehrstoff als Perturbationen bezeichnen, allerdings nur dann, wenn diese auf eine Innere Resonanz stoßen.

> Bei den Interaktionen zwischen dem Lebewesen und der Umgebung [...] determinieren die Perturbationen der Umgebung nicht, was dem Lebewesen geschieht; es ist vielmehr die Struktur des Lebewesens, die determiniert, zu welchem Wandel es infolge der Perturbation in ihm kommt. Eine solche Interaktion schreibt deshalb ihre Effekte nicht vor. (Maturanan/Varela 1987, 106)

Diese Struktur der Psyche des Menschen zu versinnbildlichen und damit transparenter zu machen ist Ziel dieser Arbeit. Somit sind Menschen „nicht-trivial“, synthetisch determiniert, analytisch unbestimmbar, historisch bedingt und nicht voraussagbar (vgl. von Foerster 1999, 22). Für deren Konstruktion postuliert von Foerster zwei Imperative:

„Willst du erkennen, lerne zu handeln“ als ästhetischer Imperativ und „Handle stets so, dass weitere Möglichkeiten entstehen“ als ethischer Imperativ (1999, 60).

Abschließend komme ich noch einmal auf den Ausgangspunkt konstruktivistischer Konzepte zurück – hier in Bezug zur (Schul-) Pädagogik:

> Das ist der Ausgangspunkt für den Konstruktivismus: Das einzelne Individuum ist verantwortlich für seine eigene Konstruktion der Welt, die ihm keine Tradition mehr verbindlich vorschreiben kann, auch nicht die Schule. Diese kann höchstens Angebote formulieren und diese mit Hilfe ihrer Sanktionen, etwa durch Notengebung und Zertifikate, durchsetzen. Dennoch ist der innere Widerspruch nicht mehr aufhebbar. (Huschke-Rhein 1999, 38)

Nach meinem Verständnis von Inneren Widersprüchen und von dem Begriff ‚aufheben‘[16] ist selbst dieser Innere Widerspruch z. B. durch die Arbeit mit dem Inneren Team aufhebbar. Außerdem impliziert Huschke-Rhein, dass ‚früher‘ die Menschen durch Traditionen nicht verantwortlich für ihre Konstruktionen der Welt waren. Dass der Konstruktivismus jedoch lediglich eine ‚temporäre‘ Begründung hat, ist – wie ich gezeigt habe – nicht mein Verständnis und nicht das des Inneren Teams.

16 In Anlehnung an Hegel 1961.

Das ‚konstruktivistische' Kapitel möchte ich mit einer sehr kritischen ‚Stimme' abschließen, auch wenn ich inhaltlich nicht mit ihr übereinstimme und ihre Sorge nicht begründetet sehe.

> Der sogenannte ‚Konstruktivismus' ist … die gefährlichste moderne geistige Tendenz, und, so darf man wohl sagen, eine der am weitesten verbreiteten Auffassungen. Er verbindet zwei Kantsche Ideen mit dem modernen Relativismus, nämlich die Idee, dass wir die uns bekannte Welt mit Hilfe unserer Begriffe herstellen, und die, dass wir eine von uns unabhängige Welt durch unsere Erkenntnis nicht erreichen können. (Albert 1996, 14f)

3.2.3 Systemtheoretische Sichtweisen

Heute erkennen wir langsam, was eine innerlich aktive Welt bedeutet, und damit begreifen wir allmählich, wie unwissend wir noch immer sind.
(Prigogine und Stengers 1981)

Zur ‚Aufhebung' und Aufklärung dieser Unwissenheit, genauso wie derjenigen Unwissenheit, dass die Dynamiken und Widersprüchlichkeiten der äußeren, aktiven Welt lediglich die Dynamiken und Widersprüchlichkeiten einer innerlich aktiven Welt widerspiegeln, sind systemtheoretische Sichtweisen eine vielversprechende Hilfe/Möglichkeit.

Im Folgenden werde ich diejenigen hiervon erörtern, die ich für ‚richtig', ‚wahr', ‚viabel' und interessant in Bezug zu dieser Arbeit halte. Ich werde somit nur eine Auswahl treffen und habe dementsprechend nicht den Anspruch, einen umfassenden Überblick über die Systemtheorie an sich zu leisten.

Hall und Fagan bezeichnen ein System[17] als „Satz von Elementen und Objekten zusammen mit den Beziehungen zwischen diesen Objekten und deren Merkmalen" (zitiert nach von Schlippe/ Schweitzer ^{2}2013, 90). Etwas bekannter ist wahrscheinlich die Formulierung: „Ein zusammengesetztes Ganzes, das mehr ist als die Summe seiner Teile. Dieses Mehr besteht in den gegenseitigen Wechselwirkungen …" (Mücke 1998, 23).

17 griechisch: zusammengesetztes

Als eine der systemtheoretischen Sichtweisen ist die kybernetische zu nennen. Die Kybernetik ist – sozusagen als Teil der Systemtheorie – vor allem nach dem 2. Weltkrieg bekannt geworden, als wissenschaftliches Programm zur Beschreibung der Steuerung komplexer Systeme. In der Therapie wurde die Kybernetik vor allem in den 70er Jahren innerhalb der Modelle der strategischen Familientherapie bei Minucchin (Minucchin/Fishman 1983) und der systemisch-kybernetischen Familientherapie in den Anfängen des Mailänder Teams[18] umgesetzt: Ein familiärer, dysfunktionaler Ist-Zustand wird durch Interventionen und Informationen in einen funktionalen Soll-Zustand der Familie umgewandelt. Diese intentionale, zielbewusste Steuerung eines sozialen Systems erwies sich jedoch mehr und mehr als Illusion (vgl. von Schlippe/Schweitzer 2013, 47-53). Die normative Vorstellung einer funktionalen, guten Familie war und ist eine Konstruktion, eine soziale Übereinkunft, die sich wiederum ebenso aus einem sozialen System rekrutiert. „Das Familiensystem ist nur eine Idee, die uns alle vom Wege abgebracht hat. Es ist besser, das Konzept des Familiensystems völlig beiseite zu lassen und über die Behandlungseinheit als Bedeutungseinheit zu reflektieren" (Boscolo et al. 1988, 54). Innerhalb der Arbeit mit dem Inneren Team wird in diesem Sinne über die Bedeutungseinheit ‚Selbst' reflektiert. Es ergab sich eine Ablösung der Homöostase, des Strebens nach Gleichgewicht als zentrales Merkmal der Systemtheorie, durch den Fokus auf Veränderung sowie auf ‚Ordnung durch Fluktuation'. Es wurde als zweites Gesetz der Systeme formuliert: Dinge werden immer geordneter, wenn man sie sich selbst überlässt (vgl. Dell/Goolishian 1981). Da Therapie und Beratung jedoch immer ein äußeres Eingreifen in ein System sind, entspricht die Annahme eines systemischen ‚Selbst'-Bewusstseins als ein Sich-selbst-Überlassen des intrapersonalen Systems eher diesem ‚Gesetz'[19].

Anfang der 80er Jahre entwickelten Maturana und Varela durch ihre erkenntnistheoretischen Überlegungen zur Selbstorganisation, der Autopoiese lebender Systeme, eine Theorie der „inneren, autonomen Selbstorganisationslogik" und deren operationaler Abgeschlossenheit (siehe auch nächstes Kapitel). Hierdurch werden allen Therapeut*innen und Pädagog*innen ihre Grenzen der externen Einflussnahme aufgezeigt. Sie sind nicht mehr inter-

18 Das ‚alte' Mailänder Team waren Mara Selvini Palazzoli, Giuliana Prata, Luigi Boscolo und Gianfranco Checchin (1981). Boscolo und Checchin trennten sich später von den anderen beiden.

19 Innerhalb der systemischen ‚Selbst'-Analyse bringt man die verschiedenen Persönlichkeitsaspekte miteinander ins Gespräch. Insofern handelt es sich auch um eine Einmischung. Allerdings handelt es sich nicht um eine Einmischung von außerhalb des Systems. Hier besteht zusätzlich noch ein Unterschied zwischen den einzelnen Selbst-Analyse-Möglichkeiten.

ventionsmächtige Planungsinstanzen. Wir können im Außen lediglich anstoßen, verstören – allerdings auch zerstören – und anregen. Die Illusion, kontrollieren zu können, wurde aufgegeben[20]. Trotz dieser Gedanken bleibt der Fokus des systemischen Denkens auf äußere, soziale Systeme und wird nur selten auf das Intrapersonale verschoben. Die Erkenntnis, die Klientensysteme weder objektiv erfassen, noch sie instruktiv lenken zu können, brachte aber die Sichtweise mit sich, lediglich die Klient*innen können Expert*innen der Sache sein. Die Helfer*in ist lediglich Expert*in der Ingangsetzung hilfreicher Prozesse. Sie schafft die Bedingungen für das Erkennen, Beschreiben und (Er-)Finden von unterschiedlichen Wirklichkeitskonstruktionen, und damit die Möglichkeit, die Anzahl der Verhaltensalternativen zu vergrößern.

Mein Fokus liegt auch hier wieder in der nicht berücksichtigten Annahme, der unterschiedlichen Wirklichkeitskonstruktionen einzelner Persönlichkeitsanteile in einer Person. Aus dieser Perspektive heraus schien mir auch eine Erweiterung der Kybernetik 1. und 2. Ordnung sinnvoll[21]. Da das Modell des Inneren Teams die beobachtende Person differenziert, d.h. sie nicht als eine Persönlichkeit, sondern als ein System von Persönlichkeitsanteilen ansieht, entspricht es nicht mehr der Kybernetik 2. Ordnung. Demnach müsste man eine Kybernetik 3. Ordnung benennen:
Eine Theorie über die Systeme der Beobachter*innen, die ein System beobachten. Als Beispiel hierfür ist eine alltägliche pädagogische Situation sehr geeignet:

In die Reaktion einer Pädagog*in, die ein Kind beobachtet bzw. auf ein Kind reagiert, regen sich mehrere, teils widersprüchliche Stimmen, Gedanken, Gefühle und Bedürfnisse. Das Modell des Inneren Teams ist eine Theorie über sein innerpsychisches System.

Eine weitere systemtheoretische Sichtweise ist die der sogenannten personenzentrierten Systemtheorie (vgl. Kapitel 8).

Jürgen Kriz als deren Hauptvertreter verschiebt den Fokus der Systemtheorie wieder mehr auf die Person an sich (vgl. Kriz 1997). Die psychischen und physiologischen Aspekte der Kommunikation werden in seinem Mehrebenenansatz besonders beachtet. Interaktionen werden auf der Grundlage individueller Prozesse als persönlicher Ausdruck gesehen. Kriz teilt die Kommunikation in sechs Ebenen:

---

20 Übertragen auf das intrapersonale System ist es wichtig, diese Kontrollmacht nun nicht einem übergeordneten ‚Selbst' zuzusprechen.

21 Die Kybernetik I. Ordnung ist eine Theorie über beobachtete Systeme und die Kybernetik 2. Ordnung ist eine Theorie über Beobachter*innen, die ein System beobachten.

- Wahrnehmung, deren Verarbeitung (besonders Bewertung) und das Verhalten, worüber der Mensch an der Welt teilnimmt: Er kann nicht nicht-wahrnehmen und sich nicht nicht-verhalten; und er verarbeitet Wahrgenommenes selektiv, strukturierend und damit bewertend;
- Gedächtnis, also das Speichern und Erinnern von Erfahrungen bzw. Information auf allen Ebenen, auch im Körpergedächtnis;
- Bewusstsein, also die Fähigkeit des Menschen, sich reflexiv seiner Wahrnehmungen, Bewertungen dieser Wahrnehmungen und seines Verhaltens bewusst zu werden und auch über dieses Bewusstwerden selbst zu reflektieren;
- biosomatische, insbesondere neuronale Prozesse (Schiepek, 2011);
- interpersonelle Prozesse, also das Verhalten, mit dem ein Mensch sich an andere wendet, sowie Kommunikationen von anderen, die sich (auch) an ihn richten oder an denen er teilhaben kann;
- kulturelle und gesellschaftliche Prozesse, die den Kontext für all die anderen Lebensabläufe bilden.

(Kriz 2010, 28ff)

Vor allem der letztgenannte Gedanke des Inneren Dialoges ist explizit genannte Grundidee des Untersuchungsgegenstandes.

Die ‚selbstreferente Kommunikation' entspricht der intrapersonalen Interaktion zwischen den einzelnen Persönlichkeitsanteilen. Eine weitere systemtheoretische Sichtweise, die ebenso eigenständiges Konzept wie eine eigenständige Erkenntnistheorie ist, sind autopoietische Gedanken – in erster Linie die von Maturana und Varela. Aufgrund deren großen Bedeutung für das Innere Team werden sie in einem autonomen Kapitel behandelt.

3.2.4 Autopoietische Aspekte

Entscheidende Impulse für die Systemtheorie wie auch für die konstruktivistische Erkenntnistheorie kamen von den chilenischen Biologen Humberto Maturana und Francisco Varela. Diese entwickelten eine Theorie der Organisation des Lebendigen, in der die Besonderheiten lebender Systeme in Abgrenzung zu physikalisch-chemischen und mechanischen Systemen herausgearbeitet wurden (vgl. von Schlippe/Schweitzer 2013, 111f). In ihrer Theorie geht es darum, die biologischen Wurzeln des Verstehens zu verstehen – und das aus einer anderen, abweichenden Sichtweise: „Wir werden nämlich eine Sicht vortragen, die das Erkennen nicht als eine Repräsentation der ‚Welt da draußen' versteht, sondern als ein andauerndes Hervorbringen einer Welt durch den Prozess des Lebens selbst" (Maturana/Varela 1987). Maturana und

Varela beschäftigten sich mit elementaren Fragen des Lebens auf der Ebene der Einzeller als Systeme 1. Ordnung, auf der der Metazeller als Systeme 2. Ordnung und auf der Ebene der sozialen Systeme. Hierbei ging es ihnen um die ontogenetische[22] und phylogenetische Entwicklung des Lebens, um die Evolution und die Interaktion. Die Entwicklung eines jeden Lebens wird nicht als ‚Anpassung' an die Umwelt, sondern als relativ eigenständiger, operational geschlossener, selbstreferentieller Prozess beschrieben.

Hiernach wären auch persönliche Entwicklungen und Veränderungen nicht als Anpassung oder Nicht-Anpassung z.B. an das System Familie zu verstehen. Meines Erachtens (s.o.) scheint diese Erkenntnis Maturanas und Varelas eher der humanistischen Psychologie näher und in einem Widerspruch zum systemischen Ansatz zu stehen – jedenfalls lässt sie die Idee des Inneren Teams plausibel erscheinen.

Nach Ludewig kann man folgende Kernpunkte der Kognitionstheorie Maturanas und Varelas herausstellen:

- Menschliches Erkennen ist ein biologisches Phänomen und nicht durch die Objekte der Außenwelt, sondern durch die Struktur des Organismus determiniert.
- Menschen haben ein operational und funktional geschlossenes Nervensystem, das nicht zwischen internen und externen Auslösern differenziert; daher sind Wahrnehmung und Illusion, innerer und äußerer Reiz, im Prinzip ununterscheidbar.
- Menschliche Erkenntnis resultiert aus ‚privaten' Erfahrungen, ist als Leistung des Organismus grundsätzlich subjektgebunden und damit unübertragbar.
- Der Gehalt kommunizierter Erkenntnisse richtet sich nach der biologischen Struktur der Adressat*innen
  (Ludewig 1992, 59)

22 Ontogenese wird nach Maturana und Varela definiert als „die Geschichte des strukturellen Wandels einer Einheit ohne Verlust ihrer Organisation" (1987,84).

25 Der Begriff der Autopoiese ist in der Biologie nicht unumstritten, da beispielsweise auch das Gehirn nicht voll selbständig funktioniert, sondern auf Nährstoffe aus der Umwelt angewiesen ist. Ohne äußere Informationen ist auch kein Wissen denkbar. Roth schlägt vor, „den Begriff der Autopoiese in die beiden Teilaspekte der Selbstherstellung und der Selbsterhaltung aufzutrennen, wobei Selbstherstellung das allgemeinere Phänomen ist, da es auch bei nichtlebenden, komplexen biochemischen oder physikalischen Systemen zu finden ist, und Selbsterhaltung das spezifische, das nur bei Lebewesen zu finden ist" (Roth 1987, 264).

Der Kernbegriff ihrer Theorie ist die Autopoiese (griech.: *autos + poiein* = Selbsterzeugung). Es wird davon ausgegangen, dass Lebewesen dadurch charakterisiert sind, dass sie sich ständig selbst erzeugen. Dabei wird Erkennen als aktive Handlung beschrieben, als eine Wirklichkeit, die in uns wirkt und die wir bewirken (vgl. Siebert 1994, 34). Dass der Mensch als lebendes System selbstreferentiell, homöostatisch, autonom, strukturdeterminiert und geschlossen (vgl. Schmidt 1985) sein soll, ist zumindest nachvollziehbar. Und doch erscheint die autopoietische Organisation auf zellularer Ebene erst einmal besser nachvollziehbar: Die Zelle ist ‚Molekülfabrik', die ständig sowohl ihre Bestandteile, die Moleküle, produziert, gleichzeitig aber auch die sie nach außen abgrenzenden Bestandteile, also die Membran, herstellt. Diese ermöglicht dann weitere Molekülproduktion. So werden die Elemente reproduziert, aus denen die Zelle besteht, mit Hilfe der Elemente, aus denen sie besteht. Es werden also sowohl die einzelnen Elemente als auch deren Beziehungen zueinander immer wieder in einem rekursiven Prozess hergestellt (vgl. von Schlippe/Schweitzer 2013, 112).

Innerhalb der Idee des systemischen ‚Selbst'-Bewusstseins werden – in einem aktiven, rekursiven Prozess – einzelne Persönlichkeitsanteile, ebenso wie deren Beziehungen untereinander ‚hergestellt'. So ist auch dieser rekursive Prozess demnach ‚geschlossen'. Alle autopoietischen Systeme werden als operativ geschlossene Systeme bezeichnet, „die sich in einer ‚basalen Zirkularität' selbst reproduzieren" (Willke 1996, 102). Auf der Ebene des Erkennens lässt sich der Begriff der Zirkularität hervorragend als der Zusammenhang zwischen Handeln und Erfahren erklären: „Jedes Tun ist Erkennen, jedes Erkennen ist Tun" (Maturana/Varela 1987, 32). Und: „Die eigentümliche Charakteristik eines autopoietischen Systems ist, dass es sich sozusagen an seinen eigenen Schnürsenkeln emporzieht und sich mittels seiner eigenen Dynamik als unterschiedlich vom umliegenden Milieu konstituiert" (ebd., 54). Die Besonderheit von lebenden Systemen ist nicht die Tatsache einer Organisation.

> Dennoch ist den Lebewesen eigentümlich, dass das einzige Produkt ihrer Organisation sie selbst sind, das heißt, es gibt keine Trennung zwischen Erzeuger und Erzeugnis. Das Sein und das Tun einer autopoietischen Einheit sind untrennbar, und dies bildet ihre spezifische Art von Organisation. (Maturana/Varela 1987, 56)

Der Bereich, in dem die Autopoiese verwirklicht wird, ist das Medium. Für den Menschen – und das hier beschriebene Modell – ist dieses seine Umwelt, für das Nervensystem ist es der Organismus. Das System existiert in einem Medium, das ebenfalls strukturell und organisatorisch determiniert ist, und interagiert mit diesem. Bei strukturellen Veränderungen des Mediums erlangt das System aufgrund seiner Interaktionen einen veränderten Zustand. Wobei dieser neu erlangte Zustand nur auf der Basis der jeweiligen Systemstruktur erfolgt.

Das System löst sich nicht auf, wenn es Veränderungen erfahren hat. Auch das Medium ist plastisch veränderbar, so dass ineinandergreifende, wechselseitig selektive Interaktionen zustande kommen.

In diesem Sinne sind sogar die einzelnen Persönlichkeitsaspekte, die miteinander interagieren, autopoietische, autonome Systeme, die das System Gesamtperson bzw. ‚Selbst' durch ihre wechselseitige selektive Interaktion verändern. Auf der Systemebene von Individuen können so zwei Menschen füreinander eine bedeutsame Umwelt darstellen und sich gegenseitig ‚austauschen' (vgl. von Schlippe/Schweitzer 2013, 113). Man bezeichnet dieses Konzept als das der strukturellen Kopplung.

> Bei diesen Interaktionen ist es so, dass die Struktur des Milieus in den autopoietischen Einheiten Strukturveränderungen nur auslöst, diese also weder determiniert noch instruiert (vorschreibt), was auch umgekehrt für das Milieu gilt. Das Ergebnis wird – solange sich Einheit und Milieu nicht aufgelöst haben – eine Geschichte wechselseitiger Strukturveränderungen sein, also das, was wir strukturelle Kopplung nennen. (Maturana/Varela 1987, 85)

Eine strukturelle Kopplung liegt dann vor, wenn autopoietische Einheiten sich in ihrer Ontogenese so organisieren, dass die Interaktionen einen rekursiven und stabilen Charakter haben, so dass sie zueinander passen. Die Verstörungen oder Anstöße passen zueinander und werden vom jeweils anderen immer in der gleichen Weise verarbeitet. Diese Verarbeitung wird ‚Driften' genannt (vgl. von Schlippe/Schweitzer 2013, 113). Lebende Systeme passen sich im Rahmen ihrer Möglichkeiten an die Umwelt an. So ist Lernen eine solche Anpassung: „Wenn Lernprozesse initiiert werden, so sehen wir, dass sowohl die Lehrenden, als auch die Lernenden in einem Interaktions-Feld innerhalb der Driftzone operieren" (Kösel 1993, 238). Man spricht auch von dem Konzept der ‚Koevolution' als einer Variante der strukturellen Kopplung. Lebewesen werden nicht nur durch die Umwelt determiniert oder passen sich an diese an, sondern sie entwickeln sich mit der Umwelt und schaffen eine neue Umwelt (vgl. Varela, Thompson 1992, 275). Dieser Aspekt betont die Eigenverantwortung und die aktive, freie Wahl[23].

23 Hier werden Parallelen zu existentialistischen Gedanken deutlich (vgl. Kapitel 3.1.1).

Auf der anderen Seite ist diese freie Wahl beeinflusst von zwischenmenschlichen Beziehungen.

Und zwischenmenschliche Beziehungen sind für Maturana und Varela zentrale Punkte des Erkennens. So definiert Maturana z.B. das Bewusstsein als das Ergebnis sozialer Interaktionen: „Da wir sprachbegabte Lebewesen sind, haben wir auch dann ein Bewusstsein, wenn wir gerade nicht kommunizieren, sondern alleine sind – und dennoch hat das Phänomen ‚Bewusstsein' seinen Ursprung in der Domäne der Beziehungen. [...] Wenn zwei Menschen lange zusammen sind, dann passen sie ihre Strukturen einander an" (Maturana zit. nach Siebert 1994, 35). Die Formbarkeit von Strukturen ist dabei eine Voraussetzung für deren Kopplung und Wandlung. Die Ergebnisse dieser Prozesse fließen in die sich gewandelten Strukturen wieder ein und damit in die gewandelten Kopplungen der invarianten Organisationen. Sie erzeugen sich ständig selbstreferentiell und in variierenden Aktivitäts- und Verhaltenszuständen. Nach von Schlippe und Schweitzer lassen sich autopoietische Systeme wie folgt beschreiben:

- Sie sind strukturell determiniert, das heißt, die jeweils aktuelle Struktur determiniert, in welchen Grenzen sich ein Lebewesen verändern kann.
- Sie haben keinen anderen Zweck, als sich selbst zu reproduzieren. Alle anderen Behauptungen über ihren Sinn werden durch Beobachter an sie herangetragen.
- Sie sind operational geschlossen, das heißt, sie können nur mit ihren Eigenzuständen operieren und nicht mit systemfremden Komponenten. Lebende Systeme können sehr wohl Umweltinformationen aufnehmen (hören oder lesen). Aber sie sind nicht unbegrenzt durch diese beeinflussbar, formbar, instruierbar. Die Außenwelt wird nur so weit zur relevanten Umwelt (und von dort kommende Informationen werden nur so weit zu relevanten Informationen), wie sie im System Eigenzustände anzustoßen, zu ‚verstören'vermögen.
  (von Schlippe/Schweitzer 2013, 112)

Das Verhalten eines Gegenüber wird also nur so weit zur störenden oder unangenehmen Umwelt, wie eben dieses Verhalten in einem ‚Selbst' Eigenzustände auszulösen vermag, d.h. das Verhalten ist lediglich Auslöser. Schwelende Innere Konflikte bekommen durch einen äußeren Anlass die Chance, ausgetragen und aufgehoben zu werden. Äußere Querdenker*innen und Rebell*innen (ver-)stören uns nur dann, wenn schlummernde Querdenker*innen und Rebell*innen Teil unseres Inneren Teams sind. Die systemische ‚Selbst'-Analyse kann dann eine Versöhnung mit der Inneren Rebell*in oder eine „Aussöhnung mit dem inneren Kind" sein. Diese Eigenzustände zu erkennen ist meines Erachtens nach ‚Lernen'. Und Lernen dient wiederum der strukturellen Koppelung des Organismus mit seinem Interaktionsmilieu. Nach Maturana und Varela ist diese immer ein vorläufiges Resultat von Interaktionen mit den Kontexten. In der Idee eines systemischen ‚Selbst'-Bewusstseins ist es eine Bedeutungsgebung als vorläufiges Resultat verschiedener Innerer Interaktionen.

Jedes autopoietische System ist autonom. So auch das intrapersonale System. Die eigene Organisation entscheidet darüber, ob und welche Einflüsse/Informationen aus der Umwelt wie aufgenommen werden. In Bezug zu explizit erkenntnistheoretischen Gedanken ist das Konzept der Autopoiese radikal: Das Leben an sich wird als eine Form des Erkennens angesehen. Nichts ist ohne unsere Wahrnehmung und ohne unsere Verarbeitung dieser Wahrnehmung denkbar. „Diese Theorie hebt die Unterscheidung in Theorien über die Dinge und Theorien über das Erkennen auf" (von Schlippe/Schweitzer 2013, 94). Die Idee eines systemischen ‚Selbst'-Bewusstseins ist ebenso eine Theorie über das Erkennen als auch über Dinge, insofern man intrapersonale Prozesse als ‚Dinge' bezeichnen kann. In einer zirkulären Schleife komme ich zum Rahmen der systemischen Therapie und Beratung zurück: Berater*innen und Therapeut*innen ermöglichen nach von Schlippe und Schweitzer „Dialoge, in denen unterschiedliche Wirklichkeitskonstruktionen beschrieben werden und in denen mit alternativen Konstruktionen gespielt wird" (ebd., 95).

In diesem Verständnis sehe ich mich als Autor, genauso wie das ‚Selbst' in jedem selbst, als auch die Arbeit an sich.

3.2.5 Synergetische Sichtweise

> Als eine ‚Feldtheorie',vergleichbar der psychologischen Gestalttheorie der 1920er und 1930er Jahre, untersucht sie (die Synergetik, D.R.), wie die Teile in einem Feld zusammenwirken (‚Syn-Ergetik',griechisch, heißt ganz wörtlich ‚zusammenwirken') und ihr Verhalten selbst organisieren, so dass sich für das Ganze eine bestimmte Ordnung ergibt, die dann neue, makroskopische Eigenschaften zeigt. Analysiert wird, wie verschiedene Komponenten so zusammenwirken, dass ein ‚kooperatives Verhalten' der Teile zur Selbstorganisation des Gesamtsystems beiträgt. (von Schlippe/Schweitzer 2013, 106)

Haken (1984, 1987, 1988) nennt verschiedene physiologische Beispiele, in denen Einzelkomponenten, wie z. B. Zellen, sich im Sinne einer Gesamtheit, in diesem Beispiel des Körpers, ohne höhere Instanz – also selbstorganisierend – koordinieren. Ähnliche Phänomene von Selbstorganisationen und Entwicklungen (von Ordnungen bzw. geordneten Mustern) ohne äußeren Einfluss fand Haken eben auch in der Physik.

> Haken spricht hier von ‚Ordnern', als bestimmten Strukturen, die zwar einerseits durch die Elemente erzeugt werden, sie aber ihrerseits wieder ‚versklaven', indem sie dem Verhalten der Elemente eben diese Ordnung aufzwingen: ‚Langlebige, langsame veränderliche Größen versklaven kurzlebige, schnelle Größen' (Haken 1987). Ein Musterbeispiel eines ‚Ordners' ist die Sprache. (von Schlippe/ Schweitzer 1997, 64f)

Ein anderer ‚Ordner' ist die Beziehung der Persönlichkeitsaspekte untereinander.

Internalisierte Gesellschaftsnormen sind wahrscheinlich in der Regel ebensolche starken, langlebigen, langsam veränderlichen Größen, die innerhalb des Inneren Machkampf andere – z.B. emotionale Aspekte – ‚versklaven'.

In dem Bild der Idee des systemischen ‚Selbst'-Bewusstseins ist das Innere Dilemma das mikroskopische Chaos. Die daraus entstehende Handlung – welche auch immer – ist die makroskopische Ordnung. Sie ist Ordnung insofern, als dass immer eine ersichtliche Handlung das Ergebnis des unsichtbaren Inneren Chaos ist.

Haken beobachtete weiterhin, dass sich neben den neue Strukturen Regelmäßigkeiten (‚Emergenzen') bildeten. Diese Regelmäßigkeiten entsprechen im intrapersonalen Vorfeld von Kommunikation und Handlung den Gewohnheiten. Hier handelt es sich um die ‚Macht der Gewohnheit', also die Macht derjenigen Aspekte im Inneren Machtkampf, die für gewohntes Verhalten plädieren und sich durchsetzen.

Das Zusammenwirken der Teile innerhalb der Inneren Dialoge kann sehr oft nach fast gleichen Strukturen ablaufen, denn die einzelnen Persönlichkeitsaspekte glauben sich zu kennen und das „Verhalten des einen bedingt das Verhalten des anderen" (ebd.).

Abschließen möchte ich diesen TEIL mit Abraham Maslow (1973), der in einem Satz die ‚Lösung' meines Inneren Dilemmas, meines vermeintlichen Widerspruchs zwischen einer ganzheitlichen-holistischen Methode und einer Analyse nennt:

> Maslow bedient sich – seiner philosophischen Orientierung entsprechend – einer holistisch-analytischen Methodologie, die der Analyse einzelner Phänomene große Bedeutung schenkt, gleichzeitig jedes einzelne Phänomen aber 'als einen Ausdruck des gesamten Organismus' untersucht haben will. (Quitmann 1991, 232)

3.2.6 Ökologische Orientierungen

Das ökologische Weltbild hat zwei grundsätzliche Themen: Das erste ist die gegenseitige Verknüpfung und Abhängigkeit aller Phänomene. Das zweite ist die dynamische Natur der Wirklichkeit. Das heißt, dass Formen keine starren Strukturen sind, sondern Manifestationen von darunter liegenden Prozessen
(Capra, zit. nach Cohn/Farau 1999, 614)

In diesem Kapitel werde ich die ‚ökologische Orientierung' auf der Grundlage von Urie Bronfenbrenner (1981) darlegen. In seinem Buch „Die Ökologie der menschlichen Entwicklung" (1981) bemüht sich Bronfenbrenner, unterschiedliche Ansätze und Einsichten in eine umfassende Theorie zu integrieren[24].

Er geht in seiner Auslegung des Begriffes auf das Wort ‚oikos' (griech.) in seiner Grundbedeutung als ‚Haus' zurück. Er benutzt es metaphorisch als eine vom Menschen selbst gestaltete und gestaltbare Welt.

Sein Ziel ist eine Theorie der Erforschung menschlicher Entwicklung. Dabei sieht er Entwicklung als aktive Auseinandersetzung mit der alltäglichen Umwelt. Im Sinne des Inneren Teams können wir wiederum diese ‚aktive Auseinandersetzung mit der Umwelt' konkretisieren als aktive Auseinandersetzung mit der Innenwelt, die sich mit ihren unterschiedlichen Persönlichkeitsaspekten auf unterschiedliche Weise mit der Außenwelt auseinandersetzt. Die aktive Auseinandersetzung befasst sich nach Bronfenbrenner

> mit der fortschreitenden gegenseitigen Anpassung zwischen dem aktiven, sich entwickelnden Menschen und den wechselnden Eigenschaften seiner unmittelbaren Lebensbereiche. Dieser Prozess wird fortlaufend von den Beziehungen dieser Lebensbereiche untereinander und von den größeren Kontexten beeinflusst, in die sie gebettet sind. (Bronfenbrenner 1981, 37)

24 Er stützt sich insbesondere auf Kurt Lewin (mit seinem Lebensraum, in dem das Psychische von Kräften im unmittelbaren Umfeld bestimmt wird), sowie auf Wegbereiter*innen konstruktivistischen und systemischen Denkens, zum Beispiel Otto Rank (1929) oder Jean Piaget (1974).

Sie ist „die Entfaltung der Vorstellung der Person über ihre Umwelt und ihr Verhältnis zu dieser, als ihre wachsende Fähigkeit, die Eigenschaften ihrer Umwelt zu entdecken, zu erhalten oder zu ändern" (ebd., 25). Innerhalb der Arbeit mit dem Inneren Team geht es um die verschiedensten Vorstellungen einer Person. Bronfenbrenner geht es um „Entwicklung im Kontext" (ebd., 29). Er stellt die These auf – die in der wissenschaftlichen Literatur verbreitet, in der Praxis aber zu wenig berücksichtigt wird –, dass „Umwelt für Verhalten und Entwicklung bedeutsam ist, wie sie *wahrgenommen* wird, und nicht, wie sie in der ‚objektiven' Realität sein könnte" (ebd., 20). In seinem Entwicklungsbegriff geht es nicht rein um die klassischen Bereiche von Wahrnehmung, Motivation, Denken und Lernen, sondern vielmehr um den Inhalt dieser Bereiche (*was* wahrgenommen wird, *wie* das Wahrgenommene einen Menschen verändert usw.).

Als Grundlage sieht er die Theorie Piagets (1974) vom Aufbau der Wirklichkeit des Kindes und führt diese weiter, da er dessen Beschreibung als aus dem Kontext gehoben einschätzt. Es geht um die „Entstehung der wahrgenommenen Realität, wie sie sich im Bewusstsein des Kindes im Zug seiner aktiven Beteiligung an seiner physikalischen und sozialen Umwelt entwickelt" (ebd.).

Eine große Rolle spielt für Bronfenbrenner die Aktivität. Durch diese können sich Umweltereignisse am folgenreichsten auf Kinder auswirken. Zum einen, indem in deren Lebensbereich aktive Handlung vollzogen und auf das Kind bezogen wird (es wird beispielsweise leichter sprechen lernen, wenn man mit ihm redet), zum anderen, indem es selbst zum Akteur und Gestalter seiner Umwelt wird. Die menschliche Fähigkeit, als Konstrukteur*in auf ein angemessenes Milieu zu reagieren, sei meist unterschätzt. Die Fähigkeit, als Konstrukteur*in des Inneren Dialoges zu agieren, ist gleichfalls unterschätzt.

Fischer schreibt, dass die „Hervorhebung der *Tätigkeit* als Entwicklungsmotor des kindlichen Realitätsbezugs" (1996, 100 – Herv. D.R.) entscheidend sei. Letztlich ist es Ziel der Inneren Dialoge durch eine Verhaltensveränderung (Verhaltensmodifikation), also durch eine Tätigkeit, zu einer Konfliktlösung bzw. einer Entwicklung zu kommen.

Die Außenwelt wird nach Bronfenbrenner als ineinander geschachtelte Struktur gesehen. Deren erste Ebene stellt der unmittelbare Lebensbereich dar. Die nächste spezifische Ebene sieht Bronfenbrenner in den Verbindungen zwischen den Lebensbereichen. Unterschieden werden Mikro-, Meso-, Exo- und Makrosysteme (vgl. 1981). In Mikrosystemen hat jedes Mitglied zu jedem anderen Kontakt und jeder hat auf jeden Einfluss (Beispiel: Schulklasse). Mesosysteme sind die nächst größeren Einheiten, in denen eine Person unmittelbar Einfluss nehmen kann; gekennzeichnet sind hier die Wechselbeziehungen zwischen den Lebensbereichen, in denen eine Person aktiv beteiligt ist (zum Beispiel gesamte Schule). In Exosystemen ist man nicht als Person Mitglied, doch haben Veränderungen innerhalb des Exosystems unmittelbar Einfluss (zum Beispiel Lehrer*innen-Konferenz). Makrosysteme sind die größten Einheiten, in denen der Einfluss des Einzelnen abnimmt, das System jedoch starken Einfluss auf das Individuum hat (zum Beispiel Gesamtgesellschaft). Das Innere Team könnte man nun als Mikrosystem im Mikrosystem auffassen. Auch hier haben alle Mitglieder (Persönlichkeitsanteile) zu jedem anderen Kontakt und jeder hat auf jeden Teil Einfluss.

In Analogie Bronfenbrenners Bezeichnungen, nenne ich es ‚Nanosystem'.

In Bezug auf die Beziehungen dieser Systeme geht Bronfenbrenner von einer Reziprozität zwischen Mitgliedern dieser Systeme aus und sieht einen günstigen Entwicklungskontext in der Abhängigkeit der sozialen Verbindungen (Art der Beteiligung, Kommunikation, Information über andere Lebensbereiche). Aufgrund der Verschachtelung der Systeme wird Veränderung in einem System immer Auswirkungen auf alle anderen haben[25]. Hier: Die intrapersonale Kommunikation wird sich auswirken auf interpersonale Kommunikation. Für Bronfenbrenner erhält der zwischenmenschliche Kontext besondere Bedeutung. Für ein Kind sei die Begleitung in einen neuen Lebensbereich eine wichtige Unterstützung der Entwicklung. Den Übertritt in einen neuen Lebensbereich oder das Erfüllen einer neuen Rolle bezeichnet Bronfenbrenner mit dem Begriff des ökologischen Übergangs, der sowohl Folge als auch Anstoß von Entwicklungsprozessen sein kann.

Wachstum im psychischen Bereich wird dann am wirksamsten sein, wenn eine gegebene Situation Bedeutung für die Person, für Persönlichkeitsanteile, hat. Die Bedeutung ist das Wirksame, nicht die objektive Bedingung[26]. „Situationen, die von Menschen als real definiert werden, haben reale Folgen" (Thomas/Thomas zit. nach Bronfenbrenner 1981, 39). Man kann Verhalten und erst recht abweichendes Verhalten nicht aufgrund objektiver Umwelteigenschaften verstehen, ohne deren Bedeutung für den jeweiligen Menschen zu berücksichtigen, ohne Innere Dialoge zu ‚verstehen'. „Die phänomenale Umwelt steuert das Verhalten weit wirksamer als die reale" (ebd., 40). Die jeweilige Bedeutung schafft der Mensch aus seiner Deutung, seiner Vorstellung. Konstituierend für seine Konstruktionen ist die Umwelt, auf unterschiedlichen Ebenen. In jeder Gesellschaft und Kultur gibt es „Konstruktionsanweisungen" (ebd., 20) für ihre Organisation. Je

25 vgl. Schmetterlingseffekt, dargestellt in O'Connor/McDermott 1998

26 Diese phänomenologische Auffassung geht bspw. auf Husserl zurück, wie für die Pädagogik auf Dewey (1964) mit seiner Forderung der Aufnahme von Alltagserleben der Kinder in die Lehrpläne.

nach Konstruktionsanweisung gibt es unterschiedliche und unterschiedlich viele Persönlichkeitsanteile, die sich fügen und andere, die eventuell rebellieren.

Bei Veränderungen dieser Anweisungen können Strukturen innerhalb der Lebensbereiche geändert werden, was wiederum Auswirkung auf Verhalten und Entwicklung hat (vgl. ebd.). Diese Veränderungen beschreibt der Autor mit ‚Transformationsexperiment'. Ein solches ist ein Innerer Dialog. In einer Gesellschaft, in der die auch von Bronfenbrenner beklagte defizitäre Denkweise, also ein abweichendes Verhalten direkt auf Unzulänglichkeiten in der Person selbst schließen lässt, fordert er genau diese Orientierung an Transformation, so dass der menschliche Lebensraum menschlicher gestaltet wird (vgl. ebd., 268).

Das für die ökologische Sichtweise typische Element der Einbeziehung von Kontexten, von unterschiedlichsten Lebensbereichen in unterschiedlichen Zeiten trägt besonders zu einer Theorie bei, die sich als Entwicklungsbegleitung verstehen will. Auch wenn innerhalb der Theorie des Inneren Teams der Fokus auf die Vernetzungen innerhalb eines Systems (des Nanosystems) liegt, so sind die Vernetzungen von unterschiedlichen Systemen – dem Hauptfokus der ökologischen Orientierung – von Bedeutung für das Verständnis von Verhalten, sowie für dessen Veränderung. Denn die Vernetzung der äußeren Systeme macht erst das Wirken der Mitlieder des Inneren Teams verständlich. Ein Verdienst Bronfenbrenners ist die weitere Abkehr von linear-kausalem Denken. In einer späteren Weiterentwicklung seiner Theorie versuchte er, den Vorwurf der fehlenden Einbeziehung des Subjektes zu bearbeiten. Fischer sieht durch diese Betonung der „individuell-psychischen Ebene" den „Entwicklungsbegriff zu einer wirklichen Person-Umwelt-Interaktion" geführt, sowie „seine Umwelttheorie zu einer ökopsychologischen Systemtheorie" (1996, 100). In einer ökologisch orientierten Arbeit mit dem Inneren Team wird Entwicklung als ‚Persönlichkeitsanteil-Persönlichkeitsanteil-Umwelt-Interaktion' gesehen.

4 Prinzipien (I): Prinzipien des humanistischen (Beratungs-)Ansatzes

A nation, like a person, has a body that must be fed and closed and housed ... And a nation, like a person, has something deeper, something more permanent, something larger than the sum of its parts.
(Franklin D. Roosevelt)

Dieses Kapitel hat eine dreifache Bedeutung für dieses Buch:

Ich werde darlegen, warum das Modell des Inneren Teams als ein Modell der humanistischen Psychologie angesehen werden kann. Diesbezüglich werde ich überprüfen, ob die grundlegenden Annahmen und Haltungen ausgewählter Konzepte der humanistischen Psychologie auf die Arbeit mit dem Inneren Team zutreffen bzw. dem entsprechen. So werde ich zum Beispiel untersuchen, ob Fritz Perls' Postulat, im Hier-und-Jetzt zu sein, ein Prinzip der Arbeit mit dem Inneren Team ist.

Ich werde also analysieren, ob das, was in den Konzepten der humanistischen Psychologie für die Klient*innen-Therapeut*innen-Beziehungen postuliert wird, ebenso für einen einzelnen Menschen in seiner Beziehung zu sich selbst bzw. in seiner Beziehung zu und zwischen einzelnen Persönlichkeitsaspekten zutreffend ist. Das heißt konkret: Ob die jeweils beschriebenen Einstellungen und Haltungen der humanistischen Therapie innerhalb der Arbeit mit dem Inneren Team von uns selbst, von unserem ‚Selbst' in Bezug auf eigene, eventuell zunächst ungeliebte Persönlichkeitsaspekte eingenommen werden können.

Auf der anderen Seite werde ich an einigen Stellen auch darlegen, dass die Arbeit mit dem Inneren Team durchaus eine Hilfe sein kann (ein Modell, eine Methode), die Annahmen und Haltungen der humanistischen Therapien in der interpersonalen Kommunikation umzusetzen. Während meiner Recherche hat es mich immer wieder neu fasziniert, bekannte Texte mit einer neuen ‚Brille' zu lesen, in diesem Falle mit dem Fokus auf die Frage: ‚Kann ich das Beschriebene in der intrapersonalen Kommunikation anwenden?'.

Drittens wird so – ein bisschen wie ‚durch die Blume' bzw. eben anhand des Beispiels, des Modells des Inneren Teams – der humanistische Ansatz vorgestellt.

In Bezug zu den Konzepten der humanistischen Psychologie gilt es erst einmal die Frage zu beantworten, was ist ‚*die* humanistische Psychologie' und welches sind ihre Konzepte? Diejenigen, die wir heute als die Begründer*innen der humanistischen Psychologie ansehen und deren Ansätze in diesem Modell vorgestellt werden, sahen sich selbst nicht als eine Gruppe.[27] Erst 2010 hat sich in Deutschland die AGHPT, die „Arbeitsgemeinschaft Humanistische Psychotherapie" als Dachorganisation von elf Fachverbänden (der einzelnen Ansätze/Modelle) gegründet; sie arbeitet mit gemeinsamen Curricula und Publikationen sowie zwei Kongressen (2012 und 2014 – der nächste ist für 2017 angekündigt) an dieser inhaltlichen Integration und betreibt die Anerkennung als homogene Gruppe auch formal. In 2012 hat Jürgen Kriz – im Auftrag der AGHPT – den gemeinsamen Antrag auf Feststellung der „Wissenschaftlichen Anerkanntheit" der Humanistischen Psychotherapie gestellt und hierzu u.a. auch 264 Wirksamkeitsstudien zu diesem Ansatz vorgelegt (vgl. Kriz 2014).

In den Konzepten der humanistischen Psychologie wird davon ausgegangen, dass der Mensch weder durch biologisch determinierte Triebe und Instinkte motiviert ist (Psychoanalyse/psychodynamische Modelle), noch durch Umweltbedingungen determiniert ist (der klassische Behaviorismus), sondern dass er aktiv und fähig zu Konfliktlösung ist sowie von Natur aus zum Guten strebt. Der Mensch strebt nach der Verwirklichung seiner Möglichkeiten. „Die humanistische Psychologie untersucht Verhalten nicht, indem sie es auf Komponenten, Elemente und Subprozesse reduziert, sondern indem sie versucht, *Muster in den Lebensgeschichten* von Menschen zu sehen, die in sinnhaften Alltagsumwelten handeln" (Zimbardo 1992, 10 – kursiv im Original).

Die Annahmen und Haltungen, die in therapeutischen und beraterischen Situationen die Helfer*in in Bezug zur Klient*in und dem Klient*innensystem innehaben sollte, werden also von einem ‚Selbst' sich selbst gegenüber eingenommen. Die indirekten Fragen sind also: Kann ich meinen eigenen ungeliebten Persönlichkeitsaspekten mit therapeutischen Haltungen und Annahmen begegnen? Gibt es eine Möglichkeit, dass das ‚Selbst' und einzelne Persönlichkeitsaspekte die hier beschriebenen Haltungen und Einstellungen sich selbst und den anderen Persönlichkeitsaspekten gegenüber einnehmen, ich mich also den genannten Prinzipien entsprechend meinen eigenen zunächst ‚ungeliebten' Teilen gegenüber verhalte?

---

27 Absolut lesenswert ist die „Gelebte Geschichte der Psychotherapie" von Ruth Cohn und Alfred Farau (2008).

In diesem Kapitel geht es um die Grundannahmen und Grundhaltungen, die für die Arbeit mit dem Inneren Team Gültigkeit haben sollen.

An dieser Stelle möchte ich noch einmal darauf hinweisen, dass ich die folgenden Grundannahmen und -haltungen auch in ihren jeweiligen genuinen Formen auf der zwischenmenschlichen Systemebene für bedeutend und handlungsweisend halte und zwar situations- und personenunabhängig. Das heißt für mich auch, dass alle genannten Aspekte der Grundeinstellung ebenfalls für die Beziehung Pädagog*in-Kind bzw. generell Erwachsener-Kind, ebenso wie für Erwachsene untereinander Gültigkeit haben. Nach meinem Erachten sollten die genannten Einstellungen generell nicht auf bestimmte Situationen (in den beschriebenen Konzepten oft auf therapeutische Situationen) beschränkt werden. Da der Hauptaspekt dieser Arbeit aber auf die Inneren Beziehungen verschiedener Seiten in jedem Selbst gerichtet ist, werde ich diese Grundeinstellungen in ihrem Bezug zur intrapersonalen Kommunikation erläutern.

Aus einer anderen Perspektive betrachtet, sind die folgenden Erörterungen auch eine chronologische Darstellung der therapeutischen Entwicklung von psychoanalytischen über verhaltenstherapeutischen, dann humanistischen und gerade in letzter Zeit den sehr populären systemischen Konzepten. Aus welchen Gründen ich die psychoanalytischen Ansätze als auch – zum Teil – die verhaltenstherapeutische ‚Schule' in ihren jeweiligen defizitorientierten und somit negativen Menschenbildern nicht als expliziten Teil der Arbeit mit dem Inneren Team sehe, werde ich im weiteren Verlauf erörtern.

Voraussetzung für diese Einstellungen zu sich selbst ist die Annahme der Multiplizität der Persönlichkeit, die Annahme von ‚sich widersprechenden Bedürfnissen in jedem selbst'.

Bugental formulierte 1964 die „Basic Postulates and Orientation of Humanistic Psychology" (1964, 23f) die ebenso grundlegende Postulate und grundlegende Orientierung der Arbeit mit dem Inneren Team sind:

1. **„Man, as man, supercedes the sum of his parts"** (ebd.).
   Das Ganze (der Mensch) kann nur dann ‚mehr sein' als die Summe der Einzelteile, wenn diese nicht gänzlich isoliert sind; d.h. wenn sie *keinerlei* Beziehung zueinander hätten. Die Arbeit mit dem Inneren Team trägt diesem Prinzip Rechnung, indem der Hauptfokus auf die Beziehungen zwischen diesen Bestandteilen, den Persönlichkeitsteilen, gelegt wird. Die Persönlichkeitsaspekte – in ihrer Metapher personifiziert – sind ebenfalls mehr als die Summe ihrer Bestandteile. Inwieweit innerhalb einer Reflexion anhand des Inneren Teams die einzelnen Aspekte allerdings wiederum in einzelne Aspekte zerlegt, d.h. analysiert werden,

hängt von der Notwendigkeit, der Komplexität und diesbezüglich auch von der Dissoziationsfähigkeit ab.

2. **„Man has his being in a human context“** (ebd.).
Menschliches Existieren ist nur insofern gebunden an äußere, zwischenmenschliche Beziehungen, als diese ihre Bedeutung und Wirkmacht durch den Inneren Dialog, also sozusagen durch die Inneren Beziehungen der Aspekte, erhalten. Zwischenmenschliche Beziehungen bewirken eine Veränderung der Inneren Beziehungen. Das ist menschliches Existieren. Meines Erachtens macht Bugenthal hier jedoch eine nicht zulässige Reduktion bzw. vereinfachende Fokussierung. Ebenso wie Bateson bin ich der Auffassung, dass sich das menschliche Existieren in ökologischen Zusammenhängen vollzieht. Für die Adaptation auf innerpsychische Prozesse ist jedoch Bugenthals Aussage passend, da ökologische Zusammenhänge sich lediglich repräsentiert durch eine Innere Stimme wiederfinden.
Das Existieren der verschiedenen Persönlichkeitsaspekte in ihren jeweiligen Eigenarten, Interessen und Bedürfnissen hängt ebenfalls von den Zusammenhängen der vielen Aspekte ab. Das heißt, die Art, Durchsetzungsfähigkeit oder Polarisierung einer Teilnehmer*in eines Inneren Dialoges hängt unmittelbar mit denen der anderen Teile zusammen. Menschliche Zusammenhänge können generell als übertragbar bzw. passend angesehen werden für das Innere Team.

3. **„Man is aware“** (ebd.),
„d.h. unabhängig davon, wie viel dem menschlichen Bewusstsein jeweils zugängig ist, ist die jeweils verfügbare Bewusstheit ein Wesensmerkmal des Menschen und Grundlage für das Verstehen menschlicher Erfahrung“ (Quitmann 1991, 16). Die bewussten, Inneren Dialoge sind zu dem jeweiligen Zeitpunkt Grundlage sowohl der Erfahrung als auch der Handlung. Die Reflexion anhand des Inneren Teams ist eine Möglichkeit, einen höheren Bewusstheitsgrad zu erreichen, indem bis dato unbekannte Aspekte der eigenen Persönlichkeit erkannt und in die Entscheidung mit einbezogen werden.

4. **„Man has choice“** (ebd.).
Die Tatsache, verschiedene Handlungsalternativen zu kennen und abzuwägen, welche Handlungsmöglichkeit welche Vorteile (bzw. Bedürfnisbefriedigungen) für welche Persönlichkeitsaspekte hätte, birgt die Möglichkeit in sich, zu wählen. Dieses Postulat ist eine direkte Ableitung von existenzphilosophischen Gedanken. Die Reflexion anhand des Inneren Teams ist eine Möglichkeiten, die Entscheidungs- und Wahlmöglichkeit erstens bewusst (vorheriges Postulat) zu machen und zweitens

diese zu vergrößern. Grundprämisse ist hierbei, dass alle Aspekte, alle Inneren Dialogteilnehmer*innen, die Möglichkeit des Wählens und Entscheidens haben.

5. **„Man is intentional“ (ebd.),**
„d.h. der Mensch lebt auf ein Ziel bzw. auf Werte hin, die die Grundlage seiner Identität sind; das unterscheidet ihn von anderen Lebewesen. Dieses Gerichtet-Sein hat einen doppelten Charakter, d.h. der Mensch intendiert gegensätzlich zum Beispiel auf Ruhe und Erregung *gleichermaßen*“ (Quitmann 1991, 17 – Hervorh. D.R.) Genau dieser zeitgleichen, gegensätzlichen Intention widmet sich die Arbeit mit dem Inneren Team. Die verschiedenen Bedürfnisse, die sich scheinbar widersprechen, werden als Innerer Dialog gedacht und damit explizit zum Thema gemacht. Hiernach hat jeder Persönlichkeitsaspekt lediglich ein Bedürfnis. Stellt sich im Laufe einer systemischen Arbeit mit dem Inneren Team heraus, dass sich mehrere Bedürfnisse in einem Persönlichkeitsanteil verbergen (vgl. „Klumpatsch-Bildung“ bei Schulz von Thun 1998, 146f), wird dieser aufgeteilt, so dass neue Dialogteilnehmer*innen entstehen. Aus Sicht des Modells des Inneren Teams kann formuliert werden: Jeder Persönlichkeitsaspekt ist zielgerichtet.

Doch nun zu einem, der auch zu den Schüler*innen und späteren ‚Ketzer*innen' von und um Freud gehörte, der meines Erachtens aber den weitaus größten Einfluss auf die humanistische Therapie und in gewissen Aspekten auch auf die systemische Therapie hatte: Otto Rank. Rank (1884-1939) schrieb sein Hauptwerk „Technik der Psychoanalyse“, das er lange Zeit – wie ich finde viel passender – „Philosophie des Helfens“ nennen wollte, schon 1929. Durch Helmut Quitmann erstmals auf Ranks Gedanken gestoßen, bemühte ich mich, seine Originalwerke in den Bibliotheken ausfindig zu machen und war nach dieser ersten Hürde und nach dem Studium dieser Lektüre zunehmend fasziniert – und gleichzeitig verwundert, dass Otto Rank keine viel größere Beachtung gefunden hat. Vielleicht war Rank – wie viele andere, geniale Wissenschaftler*innen auch – seiner Zeit voraus[28].

---

28 Rogers und Perls berufen sich auf ihn (vgl. Rogers 1981, 26), geben allerdings nicht zu, viele Gedanken Ranks übernommen zu haben.

4.1 Wille und Gegenwille (in Anlehnung an Rank)

Es gibt kein Hindernis, das man nicht zerbrechen kann,
denn das Hindernis ist nur des Willens wegen da,
und in Wahrheit sind keine Hindernisse als nur im Geist.
(Rabbi Nachman)

Otto Ranks Gedanken können in ihrer Gesamtheit als ‚Gegenwille' – im Sinne seines eigenen Verständnisses – zur Psychoanalyse verstanden werden. Seine Kritik an den Erkenntnissen Freuds ist sehr fundamental: Die Probleme, weswegen Menschen in Therapie gehen, sind die gleichen, die die therapeutische Situation charakterisieren: Die Therapeut*in belässt die Patient*in in Passivität, Abhängigkeit und Willensschwäche.

Lösung dieses Dilemmas kann nach Rank nur sein, dass eben das, was in jeder Beziehung zwischen zwei Menschen wirksam ist und deren Verhältnis bedingt, zum Tragen kommt: der Wille. Das Ziel von Therapie ist nach Rank, „dass der Neurotiker überhaupt wollen lernt, d.h. wollen kann, ohne Schuldgefühle wegen des Wollens zu empfinden" (1929, 18).
In der Psychoanalyse komme es zu einer paradoxen Situation, da der Wille der Patient*innen als Widerstand behandelt wird, anstelle ihn zu fördern. Rank gelingt es, den rein innerlichen Willenskonflikt grundsätzlich positiv zu begreifen als menschliche Fähigkeit, Willen und Gegenwillen zu gleicher Zeit zu mobilisieren (vgl. Quitmann 1991). „Es stoßen zwei Willen aufeinander, von denen sich entweder der eine dem anderen unterwirft oder die beiden miteinander und gegeneinander um die Herrschaft ringen" (ebd., 144).

In einer therapeutischen Situation hat die Patient*in zum Beispiel den Willen, die Therapie zu beenden, um ‚gesund' zu sein, und gleichzeitig den Gegenwillen, die Therapie aufrecht zu erhalten, um Zuwendung und Aufmerksamkeit der Therapeut*in nicht zu verlieren. In eigener Praxis habe ich sehr gute Erfahrung damit gemacht, dieses Innere Dilemma zum Thema zu machen. Gemeinsam mit meiner Kollegin Iris Hoffmann und einem Ehepaar, das zehn Monate in unsere gemeinsame Praxis kam, haben wir in der Abschlusssitzung durch die Offenbarungen unserer Willen und Gegenwillen die Sitzungen ‚mit einem lachenden und einem weinenden Auge' und insgesamt als ‚runde Sache' beendet.

Während der Überlegung, eine Reflexion anhand des Inneren Teams – sozusagen einen Selbstversuch – zu beginnen, ist mir schon das ein oder andere Mal ein Persönlichkeitsaspekt in mir bewusst geworden, der einen

Gegenwillen repräsentiert: ‚Das bringt ja doch nichts', ‚Das ist Zeitverschwendung' oder ‚So schlimm ist es ja gar nicht'. Das ist ein Teil von mir, der Angst hat, dass ich mir versteckte und ungeliebte Teile anschaue, der glaubt, dann neurotisch oder krank zu sein und der Rank zwar gelesen, aber noch nicht internalisiert hat:

> Der neurotische Mensch ist nicht ein krankes Individuum, das darum kämpft, ‚normal' zu werden, sondern ein rebellierendes Individuum, das darum kämpft, frei – und angebunden zugleich! – zu sein. Der sogenannte ‚normale' Mensch kommt um viele dieser oft sehr schmerzvollen Kämpfe herum, aber der Preis ist hoch: Es ist Stillstand von Entwicklung und psychisches Sterben. (Quitmann 1991, 145)

Hier wird deutlich, dass Rank ein neues Menschenbild entwirft.

> „Damit wird nicht nur das ganze Problem, von allen vergangenen und gegenwärtigen Inhalten befreit, in das Individuum selbst verlegt, sondern auch die einzige Lösung und Erlösung vom Individuum und in ihm selbst gefunden" (Rank 1929, 88f). Und es wird deutlich, dass seine Gedanken und Einstellungen die des Inneren Teams widerspiegeln: „Der einzige therapeutische Ausweg … ist also, das Individuum seine eigene Entwicklung und Befreiung selbst machen zu lassen" (Rank 1929, 87).

Nach Rank ist Therapie keine Technik[29], sondern eine Einstellung. In der Rolle eines Hilfs-Ichs[30] soll die Therapeut*in nicht moralpädagogisch (wie in der Psychoanalyse), sondern ethisch, d.h. auf die Willensdynamik selbst orientiert sein.

„Gerecht wird man dem Menschen nur, wenn man ihn auch als in einer aktiven, willentlichen Auseinandersetzung mit sich selbst und der Welt stehend begreift" (Quitmann 1991, 142). Eben dem gerecht zu werden, versucht das Modell des Inneren Teams.

Die jeweilige Willensdynamik, die sich als Auseinandersetzung mit der Umwelt zeigt, hat ihren Ursprung nach Rank in den zwei Grundbedürfnissen des Menschen: Trennung (Wille) und Vereinigung (Liebe), die sich widersprechen, aber miteinander im Gleichgewicht stehen sollen (vgl. ebd.).

---

29 Es bleibt mir unerklärlich, wieso er sein Hauptwerk trotzdem „Technik der Psychoanalyse" nannte.

30 Sowohl Idee als auch Bezeichnung hat Jakob Moreno in seinem humanistischem Konzept – dem Psychodrama – übernommen.

Im Sinne des Inneren Teams handelt es sich also um zwei Innere Dialogteilnehmer*innen. Der Widerspruch wird dann aufgehoben, wenn ich ihn bewusst machen und ihn dann aushalten kann. Nach Rank ist hierbei das Grundproblem, dass in situationsspezifischen Inneren Dilemmata zumindest eines der Grundbedürfnisse mit Schuldgefühlen belastet ist, wenn nicht sogar das Wollen an sich. So sieht Rank – wie die Psychoanalyse auch – ein „schier unüberwindliches Schuldproblem", als ein Kernproblem der Persönlichkeitsbildung und als eine „allgemein-menschliche Konfliktquelle" (Rank 1929, 4).

Auch wenn Rank über allgemein-menschliche Konfliktquellen schreibt (genauso wie ich in dieser Arbeit über ein Modell des ‚allgemein-menschlichen' Phänomens Innerer Dialoge schreibe), so ist er sich bewusst, dass sich diese auf höchst individuelle Art und Weise äußern. So fordert Rank auch, dass man die Sprache des anderen erlernen (vgl. ebd., 8) sollte, genauso wie man im Inneren Dialog die Sprachen der einzelnen Teile erlernen sollte. Erst wenn die Therapeut*in die Sprache der Klient*in sprechen kann, ist sie in der Lage zu „analysieren", d.h. „Verständnis und Handhabung der Situation" (Rank 1929, 10) zu zeigen.

Verständnis und Handhabung beziehen sich innerhalb der systemischen Arbeit mit dem Inneren Team auf die psychische, die intrapersonale Situation. Explizit zur Inneren Situation schreibt Rank, „die rein psychologische Betrachtung hat gerade gelehrt, dass es die eigenen inneren Hemmungen sind, die das Individuum nicht nur moralisch, sondern hyperethisch machen" (1929, 19). Rank erklärt, warum der Mensch aus sich heraus hyperethisch ist, obgleich „wir diesen Willen immer verleugnen müssen, ihn einmal Gott, ein andermal Schicksal nennen oder einem Es zuschreiben. Mit anderen Worten: Das psychologische Problem ist unsere Einstellung zur Tatsache unseres Willens" (ebd.) und unseres gleichzeitigen Gegenwillens und gleichzeitiger Gefühle, die wiederum mit anderen Bedürfnisse korrelieren.

Dieses wirft „ein Licht auf die Natur der sogenannten ‚Ambivalenz' als eines Willenskonfliktes, oder besser gesagt, als der menschlichen Fähigkeit, Willen und Gegenwillen zu gleicher Zeit zu mobilisieren"[31] (Rank 1929, 25). Das Modell des Inneren Teams macht meines Erachtens auf sehr eindrucksvolle Weise deutlich, dass es sich bei dem „Willenskonflikt nicht um einen Kampf nach Außen, sondern um einen Kampf im Inneren handelt, der zugleich den fundamentalen Konflikt seines (des Menschen, D.R.) ganzen Seelenlebens darstellt" (ebd., 26).

31 Innerhalb meiner Ambivalenz den bestmöglichen Titel zu wählen, war auch ‚Die Ambivalenz als Entwicklungsprinzip' eine Möglichkeit die sogar gleichzeitig ein Ziel impliziert.

Im Sinne Ranks ist die hier beschriebene Aufgabe eine Hilfe des Bewusstwerdens. Rank unterscheidet „zwischen dem ‚Bewusstmachen', das eigentlich ein Erklären, ein Deuten ist, und dem Bewusstwerden als einem im Individuum selbst sich vollziehenden Prozess, der mittels der Verbalisierung erfolgt" (Rank 1929, 34). Für die therapeutische – und hier wohlgemerkt für die psychoanalytische – Situation plädiert Rank für das Verbalisieren, ähnlich dem Plädoyer dieser Arbeit, einzelnen Persönlichkeitsaspekten eine Stimme zu geben: „Das Therapeutische liegt im Verbalisieren der bewussten Gefühle, während das sogenannte Bewusstmachen des Unbewussten immer nur ein Interpretieren von sehr zweifelhaftem Werte, ein Ersetzen einer Rationalisierung durch eine andere bleibt" (ebd., 35). Und als Begründung hierfür: „Das Verbalisieren ist deshalb so wichtig, weil es vor allem eine Selbstleistung des Individuums darstellt, sozusagen einen Willensakt, und zwar einen, in dem Wille und Bewusstsein, diese beiden fundamentalen Faktoren unseres Seelenlebens, irgendwie zusammengehen" (ebd.).

Die eigenständige Reflexion anhand des Inneren Teams ist demnach in doppelter Weise eine Selbstleistung, da ich ohne Einwirken und ohne Hilfe anderer diesen Willensakt – in dem wiederum Wille und Bewusstsein zusammengehen – vollziehe.

Ich selbst habe eine Innere Stimme, die dem Verbalisieren von Gefühlen skeptisch gegenüber steht. Dieser Aspekt von mir sieht eine Abwertung der Gefühle ebenso wie die Gefahr des andauernden ‚darüber' Redens statt des Handelns an sich. Rank sieht diese ‚Gefahr' anscheinend nicht. Ganz im Gegenteil hierzu schreibt er: „Es (das Verbalisieren, D.R.) ist sozusagen Geständnis an sich selbst, Unterwerfung des eigenen Willens unter die Herrschaft des Gefühls" (Rank 1929, 35).

In Bezug zum Schuldgefühl beschreibt Rank die Tendenz zur Verleugnung der aktuellen Gefühle: „Was aber das Individuum nicht weiß, nicht wissen will, ist immer die jeweils gegenwärtige, die augenblickliche Gefühlslage, die vom Willen als Schwäche empfunden und daher verneint wird" (ebd., 38). Ein Innerer Dialog könnte demnach so aussehen, dass er die augenblickliche Gefühlslage als eine Dialogteilnehmer*in und den Willen, der dieses Gefühl als Schwäche empfindet, als zweite Teilnehmer*in aufweist. Im Verlauf des Dialoges könnten dann noch weitere Innere Dialogteilnehmer*innen, zum Beispiel eine Repräsentant*in der Sitten und Gebräuche, auftauchen.

> Wir müssen hier wieder auf den Akt des Bewusstwerdens in der Selbsterkenntnis im Gegensatz zur Deutung oder Interpretation zurückgreifen. Solange man das analytische Gefühlserleben als solches, in dem sich ja die ganze Individualität offenbart, allein zum Gegenstand der Erklä-

> rung und des Verstehens macht, befindet man sich nicht nur auf sicherem Boden, sondern tut auch das meiner Meinung nach einzig therapeutisch Wertvolle: nämlich den Patienten sich selbst im unmittelbaren Erleben verstehen zu lassen. In diesem Sinne ist Verstehen auch ein Erleben, […] so dass Erleben und Verstehen eins sind. (Rank 1929, 38f)

Die Arbeit mit dem Inneren Team kann diese Gleichzeitigkeit von Erleben und Verstehen dann sein, wenn es ein Teil von mir geworden ist. Dann kann es ein unmittelbares Verstehen (des Erlebens) sein. Dieses steht im Widerspruch zum ‚historischen Verstehen' und Deuten. Ohne die Bedeutung der Vergangenheit an sich zu leugnen, schreibt Rank dem Menschen die Tendenz zur „Benützung der Vergangenheit zur Verleugnung der Gegenwart" (ebd., 40) – und hier vor allem zur Verleugnung der Gefühle in der Gegenwart – zu.

Letztendlich ist es die grundlegende Aufgabe sowohl von Therapie als auch von der Arbeit mit dem Inneren Team[32], „das Individuum zur willigen Akzeptierung seiner selbst und seiner eigenen Verantwortlichkeit zu führen" (Rank 1929, 61).

Und ganz im Sinne einer konstruktivistischen Erkenntnistheorie beschreibt Rank: „Die Wahrheit ist eben kein realer historischer, sondern ein *aktueller* psychologischer Begriff" (Rank 1929, 45 – Herv. D.R.), aufgrund dessen ein entscheidender Vorteil für die Idee des Inneren Teams als einem Modell der ‚Selbst'-Analyse deutlich wird: Die Therapeut*in, nämlich man selbst oder das ‚Selbst', ist immer und in jeder aktuellen, gegenwärtigen Situation anwesend und kann so – und zwar ohne Unterwerfung, Abhängigkeit und Passivität – helfen:

> Der einzige Punkt, an dem die Therapie (und jede andere Hilfe auch, D.R.) angreifen und wo sie überhaupt etwas ausrichten kann, ist, dem Individuum die Nötigung der vom Gegenwillen ausgehenden Verleugnungs-, Verschiebungs- und Rationalisierungs-Tendenz in bezug auf das jeweils gegenwärtige Gefühlserleben aufzuzeigen. Und dies ist nur in einem gegenwärtigen Erleben selbst möglich, wie es die therapeutische Aktion (und die Arbeit mit dem Inneren Team, D.R.) in meinem Sinne darstellt, wo das Erleben zum gleichzeitigen rein psychologischen Verstehen seiner selbst, d.h. aber in der Gegenwart wird. (Rank 1929, 45)

---

32 Nur ist dies hier einfacher, da nicht „der Wille zur Unterwerfung" (Rank 1929, 26) die Oberhand hat.

4.2 Die Konfrontation mit sich selbst (Perls)

Die Arbeit mit dem Inneren Team ist per se eine Konfrontation mit sich selbst. Diese ist wiederum eines der vier Prinzipien der Gestalttherapie bei Fritz Perls (1976), die ich im Folgenden erörtere. Hierbei werde ich die Möglichkeit der Anwendung von gestalttherapeutischen Annahmen, Haltungen und Prinzipien in der Arbeit mit den Inneren Dialogteilnehmer*innen beschreiben und untersuchen, ob die Idee der Reflexion Innerer Dialoge den Kriterien und Prinzipien der Gestalttherapie entspricht.

In Anlehnung an Goldstein versteht Perls Gestalt „als ein Muster oder eine Figur, als eine ganzheitliche Organisationsform von Einzel-Elementen" (Quitmann 1991, 90). Es wird davon ausgegangen, dass eine Gestalt aus Vordergrund und Hintergrund besteht. Diese können nicht separat voneinander betrachtet werden. Ihre spezifische Bedeutung ist nur durch die Ganzheit zu verstehen bzw. durch die Ganzheit gegeben. Interessanterweise bezieht sich Perls auch auf die Homöostase, die eher dem theoretischen Hintergrund des systemischen Denkens zugeordnet wird. Perls geht davon aus, „dass es nicht Instinkte, d.h. durch genetische Informationen artspezifisch vorgeprägte Verhaltensweisen sind, die unser Handeln hervorrufen, sondern Bedürfnisse, die sich als individuelle Reaktion auf diesen homöostatischen oder auch Anpassungsprozeß ergeben" (ebd., 91).

Geprägt durch Friedländer (1978) war Perls der Meinung, dass es den Menschen darum ginge, „ein Gleichgewicht zwischen ihren widersprüchlichen Bestrebungen und Bedürfnissen" (ebd.) zu finden. Dieses Gleichgewicht sich widersprechender Bedürfnisse ist das Ziel jeder Arbeit mit dem Inneren Team.

Das jeweils stärkste Bedürfnis[33], die dringendste Situation, tritt aus dem Hintergrund in den Vordergrund, der gesamte Organismus ordnet sich diesem stärksten Bedürfnis unter. Innerhalb der Idee des Inneren Teams wird davon ausgegangen, dass die Bedürfnisse gleichzeitig existieren und dass das Hervortreten eines Bedürfnisses bereits das Ergebnis einer Inneren Auseinandersetzung, eines Inneren Abwägens zwischen Bedürfnissen ist. Insofern steht das Konzept Perls' nicht im Widerspruch zu dem des Inneren Teams. Dieses richtet seinen Fokus lediglich auf ein früheres Stadium, einen früheren Zeitpunkt[34]. Zu ebendieser Bedürfnisbefriedigung tritt der Mensch sowohl in Kontakt mit sich selbst als auch mit der Umwelt. Der Umweltkontakt vollzieht sich auf zwei Arten: durch die Sinne und durch Bewegung. Nach Perls sind Gedanken, Gefühle und Handlungen aus ‚demselben Stoff'.

33 vgl. Maslow

34 Hierdurch möchte ich nicht implizieren, dass das Modell des Inneren Teams ‚besser' ist.

Hierbei ist das Durchleben von Konflikten für Perls „ein notwendiger Bestandteil im Prozess der schöpferischen Anpassung“ (ebd., 96).

Eine Lösung für Konflikte[35] kann demnach immer nur sein, die Existenz des Konfliktes als solchen anzuerkennen und sich für diesen Konflikt zu entscheiden und nicht dagegen. Der Innere Dialog repräsentiert immer einen intrapersonalen Konflikt. Die Arbeit mit dem Inneren Team akzeptiert diese Tatsache, sie ist sogar Voraussetzung.

Auch wenn eine ‚Bejahung' von Konflikten wie ein Widerspruch klingt, ist hiermit eine entscheidende Grundeinstellung der gesamten humanistischen Psychologie genannt. Ebenso wie es ein vermeintlicher Widerspruch ist, ebendiese Bejahung sowohl als Ziel, aber auch als eine Voraussetzung für das Gelingen einer Reflexion Innerer Dialoge zu nennen. Soll es aber innerhalb dieser Reflexion zu einem kooperativen Umgang der Persönlichkeitsaspekte kommen, ist ein Akzeptieren der Unterschiedlichkeit und auch der Widersprüchlichkeit unumgänglich.

In Worten der Gestalttherapie handelt es sich nur dann um einen Kontaktvollzug.

> „Der Kontaktvollzug ist ein Moment, […] wo Bedürfnis bzw. Interesse mit dem Selbst zu einer Einheit verschmelzen; das Selbst ist für einen Augenblick die Figur“ (ebd., 97).

Um einen Kontaktvollzug innerhalb einer Konfrontation mit sich selbst zu erreichen, sind folgende Grundannahmen bzw. Prinzipien der Gestalttherapie zugleich auch die der Arbeit mit dem Innern Team.

Die Prinzipien in Anlehnung an Perls sind:

4.2.1 Im Hier-und-Jetzt-Sein

Die Arbeit mit dem Inneren Team bezieht sich immer in erster Linie auf die aktuelle Situation, das aktuelle Erleben, das Hier-und-Jetzt. Es geht immer um die Gedanken und Gefühle, die sich in genau diesem jeweiligen Moment zu Wort melden. In spezifischen Situationen wird entweder direkt nach den beteiligten Persönlichkeitsaspekten gesucht oder aber in einer späteren Reflexion werden diejenigen Persönlichkeitsteile beachtet, die dann im Moment der Reflexion eine Rolle spielen. So ist auch die Arbeit

35 Im Sinne des Inneren Teams ist es sinnvoll, von Inneren Konflikten (im Plural) zu sprechen.

mit dem Inneren Team in ihrer Form als Reflexion immer im Hier-und-Jetzt. Einzelne beteiligte Teile innerhalb des Inneren Teams sind gedanklich oder gefühlsmäßig oft eher in der Vergangenheit verhaftet oder an der Zukunft orientiert, die Arbeit mit dem Inneren Team an sich ist aber immer im Hier-und-Jetzt und bezieht sich auf das Hier-und-Jetzt. Es ist für den Menschen oft einfacher, sich gedanklich oder gefühlsmäßig in der Zukunft oder der Vergangenheit aufzuhalten, als gegenwärtig zu sein, im Hier-und-Jetzt zu leben (vgl. Rank 1929). „Für viele Menschen beginnt deshalb das ‚eigentliche' Leben irgendwann in der Zukunft, nach dem Examen, nach der Heirat, nach der Pensionierung usw." (Quitmann 1991, 108).

4.2.2 Bewusstheit bzw. Bewusstsein[36]

Die Arbeit mit dem Inneren Team ist immer eine Form der ‚awareness'. ‚Awareness' ist „eine flatterhafte Zwillingsschwester der Aufmerksamkeit" (Perls 1976, 29) bzw. ‚Selbst-Bewusstheit' – ganz im Sinne des Inneren Teams: „Es handelt sich hierbei um eine entspannte Form der Aufmerksamkeit, in der der lebendige Organismus in Kontakt ist mit sich und der Umwelt" (Quitmann 1991, 110).

In der Arbeit mit dem Inneren Team kann man in einer entspannten Form der Aufmerksamkeit – genauso wie in der Gestalttherapie die Klient*in – phänomenologisch beschreiben, *wie* man das *Was* wahrnimmt (vgl. ebd.). Die Arbeit mit dem Inneren Team ist ‚awareness' und erhöht sie zugleich. Die Beziehung zu sich selbst wird bewusster, in der Sprache der Gestalttherapie: Wir „setzen die Figur, die Vordergrund-Erfahrung in Beziehung zum Hintergrund, zum Inhalt, zur Perspektive, zur Situation, und diese zusammen bilden die Gestalt. Sinn ist die Beziehung der Vordergrund-Figur zu ihrem Hintergrund" (ebd.).

4.2.3 Konfrontation mit sich selbst

Die Arbeit mit dem Inneren Team ist immer und explizit eine Konfrontation mit sich selbst, d.h. eine Konfrontation mit unterschiedlichen und teil-

36 Ich verzichte auch an dieser Stelle auf eine Diskussion von Bewusstheit und Bewusstsein und verweise diesbezüglich auf Barth (1988). Innerhalb dieser Arbeit gebrauche ich den Begriff des Bewusstseins, da der Begriff der Selbstbewusstheit nicht weit verbreitet ist. Bezüglich Perls Postulats verwende ich das englische Wort ‚awareness' aus seinen Originaltexten.

weise ungeliebten Persönlichkeitsaspekten. Ebenso wie in der Gestalttherapie ist hierbei nicht das Ziel, Probleme zu lösen.

Ziel ist, sie „gegenwärtig zu machen, damit sie sich aus neuen Stoffen in der Umwelt speisen und zu einer Krise getrieben werden können" (Perls/Hefferline/Goodmann 1979, 144). Der Hauptgedanke der ‚Paradoxen Theorie der Veränderung' von Perls ist, dass erst „die Anerkennung der Person, die man wirklich ist" (Quitmann 1991, 111), also die Nicht-Veränderung (aber Bewusstmachung und Konfrontation), eine Veränderung – und zwar durch Experimentieren – ermöglicht.

Ähnlich wie in der Gestalttherapie findet in der Arbeit mit dem Inneren Team ein bewusstes Hineingehen in die Problemsituation und zwar im Hier-und-Jetzt statt. „Die Behandlungsmethode besteht darin, den Kontakt mit der aktuellen Krise immer weiter voranzutreiben, bis man den Sprung ins Unbekannte riskiert" (Perls/Hefferline/Goodmann 1979, 23). Durch Erkennen und Anerkennen der vorsichtigen und schützenden Persönlichkeitsanteile[37] kann das Unbekannte und Riskante hypothetisch vorbereitet werden. Es geht darum, diejenigen Teile zu identifizieren, die vor dem Unbekannten Angst haben.

Eben diese Teile zu ‚bemuttern', ihnen Schutz zu gewähren und sie langsam und behutsam an eine Veränderung heranzuführen, wären mögliche Schritte innerhalb einer systemischen Arbeit mit dem Inneren Team. Denn dieselbe „Angst, die den Menschen normalerweise am Wachstum hindert, wird in dem Moment zur Chance, wo der Organismus beim Aufkommen von Angst den Kontakt zu dieser Angst nicht unterbricht, sondern bewusst aufnimmt" (Quitmann 1991, 111).

4.2.4 Ich-Du-Beziehung

Die Formulierung ‚Ich-Du-Beziehung' entwendet Perls den Schriften BUBERs (vgl. BUBER 1984). Ich werde an dieser Stelle jedoch nur darauf eingehen, was die Ich-Du-Beziehung für Perls – und was sie für mich – bedeutet: „Die Person des Therapeuten dient im *JETZT* und im *WIE* als Vehikel, als Teil der Umwelt" (Quitmann 1991, 111). Diese Funktion des externen Vehikels ist innerhalb der systemischen Arbeit mit dem Inneren Team natürlich nicht gegeben. Betrachten wir aber die wesentlichste Aufgabe der Therapeut*in nach Perls, nämlich „darauf zu achten, dass die Klient*in den Zustand der Bewusstheit nicht verlässt und nicht durch Abschweifen in

37 Innerhalb des Modells der IFS-Therapie bei Schwartz werden diese Anteile ‚Manager-Teile' genannt

Zukunft oder Vergangenheit den Kontakt mit sich selbst oder der Umwelt unterbricht" (ebd.), so sehen wir, dass weder die eine noch die andere Gefahr gegeben ist. Ein Abschweifen in Zukunft oder Vergangenheit ist innerhalb der Arbeit mit Inneren Dialogen jeweils Ausdruck einer Inneren Stimme bzw. einem Bedürfnis, das es anzuhören bzw. zu integrieren gilt. Den Kontakt zu sich selbst zu unterbrechen innerhalb einer Reflexion anhand des Inneren Teams ist nur möglich, wenn ich die Analyse abbreche. Der Kontakt mit der Umwelt ist nicht Bestandteil während der Selbst-Analyse, da ja gerade das Auf-sich-bezogen-Sein Hauptmerkmal und zugleich Hauptunterschied zu therapeutischen Situationen ist.
Allerdings trifft das Postulat der ‚Ich-Du-Beziehung' in übertragenem Sinne auf die Beziehung innerhalb des Inneren Teams bzw. ‚Selbst' in Bezug zu eigenen Persönlichkeitsanteilen zu.

Perls nannte seine Therapie in Anlehnung an Rank ‚Hilfe zur Selbsthilfe'. Die Arbeit mit dem Inneren Team ist ebenso Hilfen zur Selbsthilfe wie Selbsthilfe an sich. „Das Hauptziel jedoch ist der Übergang vom ‚environmental support' zum ‚self support', d.h. dass der Klient bewusst konfrontativ und eigenverantwortlich ohne Hilfe weitermachen kann" (ebd., 112). Da die Arbeit mit dem Inneren Team (in ihrer Form der Eigen-Analyse) von Anfang an ohne Hilfe auskommt, entspricht das hier beschriebene Konzept meines Erachtens exakt diesem ‚self support'[38].

Abschließend möchte ich noch Perls Gedanken nutzen, um auf eine Gefahr bzw. eine mögliche, ungewollte ‚Nebenwirkung' der Analyse Innerer Dialoge hinzuweisen: Wie jede Übertreibung oder Dogmatisierung einer Idee ungewollte und andersartige Konsequenzen zur Folge haben kann, so besteht die Möglichkeit, eben durch eine Reflexion Stillstand, Passivität und Vermeidung zu erreichen. Die sogenannte ‚Retroflexion' steht der Grundidee kontraproduktiv gegenüber. „Retroflexion wird ein Verhalten genannt, mit dem der Organismus seine Energien, die eigentlich gegen Dinge oder Personen in der Außenwelt gerichtet sind, gegen sich selbst richtet bzw. sich selbst das erfüllt, was er eigentlich von der Umwelt haben möchte" (Quitmann 1991, 104f).

Befürchtet jemand zum Beispiel, durch das Ausleben oder auch nur Andeuten von Wut, sich oder andere (psychisch) zu verletzen, so werden die Energien nach Perls gegen die „einzigen ungefährlichen Objekte im Felde, [...] die eigene Persönlichkeit und den Körper" (Perls/Hefferline/Goodmann 1979, 248) gerichtet. Im Sinne des Konzeptes der ‚Inneren Multiloge' muss diese These jedoch verworfen werden, da die eigene Persönlichkeit

38 Das impliziert keineswegs ein Infragestellen der Sinnhaftigkeit und situationsbezogenen Notwendigkeit von Therapie.

wahrlich kein ungefährliches Objekt ist. Es wird mit großer Wahrscheinlichkeit Persönlichkeitsanteile geben, die in einem solchen Fall im Inneren Team rebellieren und die auf subtile und der Person unbewusste Art und Weise versuchen werden, zu ihrem Recht zu kommen.

Eine ähnliche ‚Gefahr' ist der von Perls beschriebene neurotische Egotismus[39], bei dem es aufgrund mangelnder Spontaneität und zunehmender Kontrolle zu Verstrickungen mit dem absichtlichen Gewahrsein kommt. Diese Verstrickungen haben das Ziel, das Unbeherrschbare und Überraschende zu vernichten (vgl. Quitmann 1991, 106).

Bei einer Betrachtung aus der Perspektive der Arbeit mit dem Inneren Team sind neurotische Retroflexion und neurotischer Egotismus Teile des Inneren Dialoges und somit keine ‚Gefahr'. Sie werden als gleichberechtigte Teile anerkannt, integriert und ihre Bedürfnisse und Interessen werden somit nicht übergangen oder ignoriert, sondern in ihrer Bedeutung für die Gesamtperson (wert)geschätzt und in die Handlung mit einbezogen.

4.3 Der begegnungszentrierte Innere Dialog (Rogers)

Der Erfinder der klientenzentrierten Gesprächspsychotherapie Carl Rogers erkannte im Laufe seiner Forschungen, dass er sich nicht „auf eine neue Methode eingelassen hatte, sondern auf eine andere Lebens- und Beziehungsphilosophie" (Rogers/Rosenberg 1980, 192). Hiermit formuliert Rogers etwas, das auch mich selbst – im Prozess der Entwicklung dieser Arbeit – betrifft. Auch ich habe zunehmend den Eindruck, nicht eine Methode zu entwickeln und zu beschreiben, sondern ein Menschenbild, eine Philosophie und eine grundlegende Einstellung.

So ist Empathie zum Beispiel keine Technik – und Rogers ärgerte sich darüber, wenn sie so verstanden wurde – sondern eine Einstellung. Reinhard und Annemarie Tausch, die Rogers' Konzept in Deutschland bekannt machten, sprechen von Empathie als „einfühlendes nicht-wertendes Verstehen der inneren Welt des anderen" (zit. nach Quitmann 1991, 134). Dies geht nur dann, wenn man ‚echt' ist, wenn man ‚kongruent' und ohne Fassade ist. In Anlehnung an Bedingungen, die Rogers 1957 für eine therapeutische Veränderung der Persönlichkeit zusammenfasste, werde ich Prinzipien aufstellen, die eine Veränderung der Persönlichkeit auch durch die Arbeit

39 „In der deutschen Übersetzung ist ‚Egotismus' (Eigenliebe bzw. die Neigung, das Gefühl für die eigene Person zu pflegen) fälschlicherweise mit ‚Egoismus' übersetzt (eine auf die Wahrung des eigenen Vorteils und Interesses gerichtete Gesinnung oder Willenshaltung)" (Quitmann 1991, 105).

mit dem Inneren Team möglich machen, d.h., was Rogers für die interpersonale Kommunikation beschreibt, übertrage ich auf die intrapersonale Kommunikation.

Diese Prinzipien in Anlehnung an Rogers sind:

(1) Mindestens zwei Persönlichkeitsaspekte stehen in Kontakt miteinander; oder: Das ‚Selbst' steht in Kontakt mit mehreren Persönlichkeitsaspekten.
(2) Ein Persönlichkeitsaspekt (A) befindet sich in einem Zustand innerer Unordnung, Verletzbarkeit oder Angst. Hier besteht ein Unterschied zu Rogers, der unterstellt, dass sich eine (gesamte) Person in einem Zustand innerer Unordnung, Verletzbarkeit oder Angst befindet.
(3) Das ‚Selbst' befindet sich (oder alle anderen Persönlichkeitsaspekte befinden sich) in einem Zustand innerer Übereinstimmung – „wenigstens während der Begegnung und bezüglich des Gegenstandes der Beziehung" (Quitmann 1991, 135).
(4) Das ‚Selbst' bzw. die anderen Aspekte bringen Aspekt A bedingungslose positive Zuwendung entgegen. Selbst wenn diese Zuwendung auf den ersten Blick nicht gegeben ist (und es ist oft so, dass Persönlichkeitsaspekte gefunden werden, denen wir erst einmal keine bedingungslose positive Zuwendung entgegen bringen), so gelingt dies meiner Erfahrung nach spätestens dann, wenn wir diesen Teil verstehen, seine Herkunft und seine Bedeutung für das Innere Team bzw. für die Gesamtperson erkennen. Wenn man sich bewusst macht, dass auch dieser Persönlichkeitsaspekt ein Teil von uns ist, wird man ihn auch dementsprechend achten.
(5) Das ‚Selbst' bzw. die anderen Teile bemühen sich um ein empathisches Verständnis für den „inneren Bezugspunkt" (ebd.) von A; das heißt, dass sie sich bezüglich des Hintergrundes, der Geschichte und der Bedeutung des Persönlichkeitsanteils A um einfühlendes, nicht-wertendes Verständnis bemühen.

Persönlichkeitsaspekt A bemerkt – „und sei es in noch so geringem Maße" (ebd.) – diese Empathie (vgl. Quitmann 1991, 134f).

Für Rogers ist das tragende Element in der Therapie die zwischenmenschliche Beziehung. Die therapeutischen Grundhaltungen sind nach Rogers Kongruenz, Empathie sowie Wertschätzung und bedingungsfreies Akzeptieren. Nach dem Modell des Inneren Teams sind eben Empathie, Wertschätzung und bedingungsfreies Akzeptieren seinen eigenen (ungeliebten) Persönlichkeitsanteilen gegenüber Voraussetzung, um dann im Außen kongruent zu sein und im Außen Empathie, Wertschätzung und bedingungsloses Akzeptieren anderen gegenüber (als Grundhaltung) zu leben.

Kongruent zu sein heißt nach Rogers, in Übereinstimmung mit sich selbst zu sein. „Je mehr der Therapeut imstande ist, akzeptierend auf das zu achten, was in ihm selbst vor sich geht, und je besser er es fertig bringt, ohne Furcht das zu sein, was die Vielschichtigkeit seiner Gefühle ausmacht, umso größer ist seine Übereinstimmung mit sich selbst" (Rogers 1981, 182). Eben das ist die Anhand des Inneren Teams bzw. die Selbstoffenbarung der Inneren Dialoge. Hierüber schreibt Rogers:

> Mitunter dachte ich, das Wort Transparenz helfe, dieses Element persönlicher Kongruenz zu beschreiben. Wenn all das, was sich in mir abspielt und was für die Beziehung maßgeblich ist, von meinem Klienten (bzw. Gegenüber, D.R.) deutlich gesehen werden kann, er mich also klar durchschauen kann, und wenn ich willens bin, diese Echtheit in der Beziehung durchscheinen zu lassen, dann kann ich mir nahezu sicher sein, dass daraus eine Begegnung wird, welche tatsächlich etwas bedeutet und in der wir beide hinzulernen und uns weiterentwickeln. (Rogers 1981, 183f)

Rogers' Augenmerk entwickelte sich im Laufe seiner Arbeiten immer mehr auf die Beziehung von Person zu Person, auf die Begegnung unabhängig von einer therapeutischen Situation.

Ähnlich hierzu entwickelte sich mein Augenmerk immer mehr auf die Entdeckung bisher ungekannter Persönlichkeitsaspekte als auch auf die Beziehungen der Persönlichkeitsaspekte untereinander – unabhängig von Therapieschulen und von fachwissenschaftlichen Einordnungen. Rogers ging es im Laufe seiner Arbeit ebenso immer mehr um „hilfreiche Begegnungen zwischen Menschen schlechthin" (ebd., 135) und nicht nur um Therapie. Die Arbeit mit dem Inneren Team ist in ähnlichem Maße ein aus therapeutischen Überlegungen heraus entstandenes Menschenbild – unabhängig von Therapie, Pädagogik oder anderen helfenden Berufen. Meines Erachtens müsste Rogers' personenzentrierte oder klientenzentrierte Gesprächspsychotherapie auch eher begegnungs- oder beziehungszentriert heißen.

An dieser Stelle möchte ich kurz auf den Bezugsrahmen der Pädagogik zu sprechen kommen. Ich halte es für sehr wertvoll, wenn Pädagog*in zu ihren Inneren Dilemmata stehen und diese transparent machen (vgl. Rohr 2016). Nach meinem Erachten können sowohl Kind als auch Pädagog*in nur dann lernen und sich weiterentwickeln. Rogers ist einer der ganz wenigen Therapeut*innen (zusammen mit Cohn), die ihre therapeutischen Ideen und Grundhaltungen auf die Erziehung übertragen. Im Rahmen dieser Arbeit ist es mir nur möglich, darauf hinzuweisen (explizit auf sein Buch „Lernen in Freiheit" 1974 und das Kapitel „schülerbezogenes Unterrichten" in Rogers 1981, 335-373), ebenso wie ich an dieser Stelle noch einmal vermerken möchte, dass ich alle grundlegenden Annahmen und Haltungen, die ich hier in ihrer Bedeutung zu den eigenen Anteilen von jedem selbst beschreibe, *auch* als grundlegende Annahmen, Haltungen und Einstellungen der Pädagog*innen in Bezug zum Kind oder Jugendlichen sehe.

Ob Kind, Klient*in, ob das Gegenüber oder ob Persönlichkeitsanteil, wichtig ist, dass jeder „in seinem jeweiligen So-Sein ohne Vorurteil und Wertung angenommen wird (Quitmann 1991, 139)[40].

4.4 Störungen im Inneren Team haben Vorrang (Cohn)

Die zwei folgenden Prinzipien der Arbeit mit dem Inneren Team ergeben sich aus den zwei existentiellen Daseinspostulaten der Themenzentrierten Interaktion (TZI) von Ruth Cohn. Der Aufforderung ‚Be your own chairman' – „Sei dein eigener Chairman" (Cohn 1993, 121) – entspricht der hier beschriebenen Theorie des ‚Selbst', das als ‚chairman' der Inneren Dialogteilnehmer*innen verstanden werden soll. Cohn selbst beschreibt den eigenen Chairman als „Vorsitzende meiner inneren Gruppe" (ebd.).

Das Postulat „Störungen haben Vorrang" (ebd., 122) impliziert äußere wie Innere, also intrapersonale Störungen. Störungen sind ebenso Ausgangspunkt der Arbeit mit dem Inneren Team wie die Reflexion anhand des Inneren Teams selbst eine Möglichkeit ist, dem Postulat ‚Störungen haben Vorrang' gerecht zu werden bzw. es produktiv umzusetzen. Jede Störung zeigt sich als Stimme des ‚Inneren Multilogs'.

In folgendem Zitat wird deutlich, dass Cohn sogar eine ähnliche Idee von der Existenz von Teilen in jedem Selbst hatte (und es zeigt, dass Cohn auch der systemischen Perspektive nahesteht): „Der Einzelne ist eine Ganzheit, die mehr ist als die Summe ihrer Teile, und er selbst ist Teil einer Gemeinschaft, die mehr ist als die Summe aller Einzelnen" (Cohn 1979, 876).

Das, was Cohn für das Verhalten der Therapeut*in oder der Leiter*in eines Gegenübertragungs-Workshops postuliert, kann wortwörtlich für die Arbeit mit dem Inneren Team übernommen werden:

1. Die Analyse von Gefühlen der Gruppenmitglieder (der Persönlichkeitsteile, Anm. D.R.) untereinander/füreinander ist stets vorrangig, wenn irgendein Mitglied sich als ablenkend erlebt.
2. Die Anwendung erlebnistherapeutischer, partnerschaftlicher und gelegentlich gruppenanalytischer Techniken ist notwendig, um gestörte emotionale Beziehungen in der Gruppe zu analysieren.

---

40 Zur Vertiefung siehe „Der Gesprächsansatz nach C. Rogers" (Rohr 2017).

3. Longitudinale Übertragungen verschmelzen oft mit flüchtigen fallbezogenen Übertragungen und können innerhalb der analytischen Gegenübertragungsarbeit entdeckt, genutzt und absorbiert werden.
4. Falldarstellungen werden (das ‚normale' Leben im Außen wird, Anm. D.R.) unverzüglich wieder aufgenommen, sobald akute emotionale Spannungen zwischen Gruppenmitgliedern gelöst worden sind. (Quitmann 1991, 180 – über Ruth Cohns TZI)

Cohn sieht eine Parallele von äußeren Gruppen und Inneren Gruppen, der Inneren Vielfalt: „Die Themenzentrierte Interaktion ist ein Ansatz zum „Sich-Selbst- und Gruppenleiten" (Cohn 1979, 873); es geht um den Versuch, philosophische Prinzipien einer humanistischen Grundhaltung in Form einer psychologischen Didaktik zur Anwendung zu bringen. So ist Folgendes, welches Cohn allerdings nur auf äußere Störungen bezieht, auch für Störungen innerhalb des Inneren Dialoges von großer Bedeutung: „Störungen", schreibt Cohn, „fragen nicht nach Erlaubnis, sie sind da", und es geht darum, sie als Realität anzunehmen „wie sie hier und jetzt ist, inklusive der Möglichkeit und Verantwortlichkeit, sie zu ändern" (Cohn/Ockel 1981, 280).

Störungen ergeben sich dann, wenn innerhalb des dynamischen Dreiecks[41] ein Ungleichgewicht entsteht. Dies geschieht dann, wenn die Gruppe die Bedürfnisse der einzelnen nicht genügend berücksichtigt. Eine TZI-Leiter*in verfährt nach dem Prinzip, jeweils den Fokus des Dreiecks, der gerade am wenigsten Beachtung bekommt, in den Mittelpunkt zu rücken. Ist es – wie in diesem Beispiel – das ICH eines oder mehrerer Gruppenteilnehmer*innen, so geht sie auf deren Bedürfnisse ein. Eine Hilfe hierfür kann die Arbeit mit dem Inneren Team bzw. die Selbstoffenbarung unterschiedlicher Bedürfnisse in einem selbst sein. Auf die Innere Gruppe bezogen heißt das: Immer, wenn ein einzelner Persönlichkeitsaspekt (ICH), die Gruppe der Aspekte (WIR) oder das Thema (ES), das mich gerade beschäftigt, zu wenig berücksichtigt wird, entsteht eine Störung, bzw. ein Inneres Dilemma. ICH, WIR und ES sind immer auch Teile unseres Inneren Teams, Bedürfnisse die auf eben diese Faktoren bezogen sind, spielen immer entscheidende Rollen.

Wie bereits im vorigen TEIL angedeutet, überschreitet Cohn den klassisch-therapeutischen Rahmen und sieht ihre Erkenntnisse auch in pädagogischen sowie politischen Bezügen. Im direkten Vergleich und in Bezug zum dynamischen Dreieck erläutert sie das Dilemma und die Chance der Pädagogik:

---

41 Das dynamische Dreieck besteht aus den Eckpunkten ICH (die einzelne Persönlichkeit betreffend), WIR (die Gruppe betreffend) und ES (das Thema der Gruppe).

> Während bei Lehrern eher das Es (Thema) zu schwergewichtig wird und Therapeuten stärker das einzelne Ich bzw. das Wir der Gruppe betonen, legt der TZI-Leiter den Schwerpunkt auf die Balance. Er muss das Kunststück vollbringen, sowohl den Einzelnen und die Gruppe als Ganzes zu sehen als auch das Thema im Auge zu behalten, ohne dabei sich selbst mit seinen Gefühlen und Ideen als Teil dieser ganzheitlichen Beziehungsstruktur zu vergessen oder zu ignorieren.
> (Quitmann 1991, 190f – über Ruth Cohns TZI)

Gemeinsamkeiten sieht sie also in der Möglichkeit, sich sowohl als Lehrer*in wie auch als Therapeut*in als TZI-Leiter*in zu verstehen. Ganz im Sinne dieser Arbeit schreibt Cohn: „Politik, Pädagogik und Therapie verbinden sich hier zu einem Menschenbild, das den Menschen als 'biologisch-autonomes Ich' in der Beziehung zu sich selbst und seinem Organismus und gleichzeitig als 'sozial-interdependentes Ich' in Beziehung zum Du und der Welt sieht" (ebd., 189).

Quitmann schreibt über Cohns Inneres Dilemma: „Sie wollte die Möglichkeiten der Gruppentherapie allüberall nutzbar machen und geht einen Weg zwischen herkömmlicher Therapie und herkömmlicher Pädagogik" (ebd., 195). Sie wollte nicht – wie in der Therapie – unerledigte und leidvolle Vergangenheiten aufarbeiten, sondern sie wollte sich konzentrieren auf die Möglichkeit der Veränderung – in Gruppen und im Hier-und-Jetzt. Psychotherapie versteht Cohn als „Auflösung fehlgeleiteter und fixierter Strebungen bzw. Reaktivierung verschütteter Möglichkeiten" (ebd.); Pädagogik dagegen ist zielgerichtet „auf die Erfüllung und Erweiterung des freien Potentials" und damit die „Kunst, Therapie antizipierend zu ersetzen" (ebd., 195). So bezeichnet sie die Therapie auch als nachträgliche Pädagogik und postuliert für sie die gleichen Grundprinzipien, Grundannahmen und -haltungen. Unterschiede gibt es demnach nur in Methodik (Therapie) und Didaktik (Pädagogik). Lediglich die Vorgehensweise ist unterschiedlich.

Eine dieser Grundannahmen ist – wie bereits erwähnt – die Balance innerhalb des dynamischen Dreiecks. In Worten des Modells des Inneren Teams ist es die Betonung der Gleichzeitigkeit von unterschiedlichen Bedürfnissen.

> Ruth Cohn mindert durch die Betonung des ‚Themas' in keiner Weise die Bedeutung der Begegnung von Mensch zu Mensch; sie eröffnet vielmehr durch die Forderung nach gleich-zeitiger und gleich-wertiger Beachtung der personalen und sachlichen Beziehungsebene nicht nur Selbsterfahrungs- bzw. Therapiegruppen und Schulklassen, sondern eigentlich allen formellen und informellen Gruppen in unserer Gesellschaft die Möglichkeit, inhaltliche Arbeit und Selbst-Erfahrung so zu

> verbinden, dass das Zusammensein von Menschen zur Verwirklichung inhaltlicher wie persönlicher Ziele und Werte gleichermaßen beiträgt. (Quitmann 1991, 203)

Da Selbst-Erfahrung – und damit auch die Reflexion anhand des Inneren Teams – aber nur aufgrund von Dilemmata stattfindet, sind diese für Entwicklung und für positive Veränderung unumgänglich. In Analogie zu Perls Bejahung des Konfliktes an sich, ist für Cohn der Konflikt ein unumgänglicher Weg: „Dieses von der Psychoanalyse übernommene Prinzip ‚Widerstand vor Inhalt' sah ich als Weg allen lebendigen Lernens: nicht Lern- und Lebensstörungen zu durchbrechen oder beiseite zu schieben, sondern sie anzuerkennen als Teil der Person" (Cohn 1993, 184).

Bezüglich des pädagogischen Rahmens dieser Arbeit und bezüglich meiner bereits erwähnten Kritik, dass die Pädagog*in selbst zu wenig thematisiert wird, möchte ich abschließend ein Zitat von Ruth Cohn in ebendiesen Zusammenhang stellen: „Der erste Schritt in der Ausbildung von Gruppenleitern (und das sind Lehrer*innen auch, Anm. D.R.) ist Bewusstwerdung des Sich-Selbst-Leitens" (Cohn 1993, 8). Gleiches hat ebenso Gültigkeit für die Ausbildung von Kindern und Jugendlichen und damit für die Erziehung im Allgemeinen.

4.5 Die lustvolle Spannung verschiedener Ziele (Bühler)

Charlotte Bühler stützt sich bei ihren Forschungen auf die Ganzheit der Person und entwickelte ein Konzept der ‚Selbstverwirklichung als Erfüllung des Lebenslaufs' (Bühler 1962). Sie gebrauchte in Zusammenhang mit Persönlichkeit und Selbsterfüllung als Erste den Begriff der Integration: Die Selbstverwirklichung „erfordert ein lebenslanges Kämpfen und Bewältigen von Schwierigkeiten und eine Integration der verschiedenen Ziele und Strebungen" (Quitmann 1991, 207). Diese verschiedenen Ziele sind Antriebe, „die unsere Motivation unter ständiger innerer Spannung in verschiedene Richtungen" lenkt (Bühler 1962, 523). Diese Innere Spannung ist nicht lediglich negative oder anstrengende Spannung, sondern kann sehr wohl als lustvoll erlebt werden (vgl. ebd.). In Anlehnung an die Existenzphilosophie sieht Bühler den Menschen im stetigen Dilemma, entscheiden zu müssen. Er muss entscheiden zwischen vier Grundtendenzen des Lebens, „die – im Widerstreit miteinander – zu Selbstverwirklichung und Erfüllung führen" (Quitmann 1991, 207).

Die erste dieser vier Tendenzen ist die Bedürfnisbefriedigung. Diese ist immer auch Inhalt einer Reflexion anhand des Inneren Teams, innerhalb derer es um die unterschiedlichen Bedürfnisse der unterschiedlichen Persönlichkeitsteile ebenso wie um das Erfinden eines Weges geht, diese alle bestmöglich zu befriedigen. Bühlers zweite und dritte Tendenz sehe ich mit Quitmann (ebd.) in der ersten subsumiert, da die Tendenz zur Sexualität, zur schöpferischen Expansion, zur Einschränkung usw. ebenfalls Bedürfnisbefriedigungen sind. Die vierte Grundtendenz des Lebens, die Tendenz zur Integration und Aufrechterhaltung der inneren Ordnung, ist das, was die Arbeit mit dem Inneren Team erreichen will.

Bühler sieht alles menschliche Handeln auf „Ziele hin ausgerichtet, die Werte und Sinn darstellen" (ebd., 209).

> Auch die existentialistische Annahme, dass die Verwirklichung des menschlichen Wesens auf dem Hintergrund seiner ‚Geworfenheit' nur möglich ist im Akt des ‚Wählens' und ‚Entscheidens', wird durch Bühlers biographische Forschungen insofern bestätigt, als nachgewiesen werden konnte, dass sich die Menschen der von Bühler beschriebenen Tendenzen zum einen sehr wohl bewusst sind und zum anderen die Entscheidung über die Vorrangigkeit und die Beziehung zwischen den verschiedenen Tendenzen nicht allein ‚Schicksal' sind, sondern auch vom Individuum selbst in eigenverantwortlicher ‚Wahl' herbeigeführt werden. (Quitmann 1991, 214)

4.6 Das Verschwinden der Polaritäten (Maslow)

Die Auseinandersetzung mit Abraham Maslow (1908-1970) innerhalb dieser Arbeit ist insofern spannend, als Maslow eine Theorie der menschlichen Bedürfnisse entwirft, die der hier analysierten Theorie der Gleichzeitigkeit und Gleichwertigkeit unterschiedlicher Bedürfnisse widerspricht. Maslow kommt zu dem Ergebnis, „dass die grundlegenden menschlichen Bedürfnisse in eine Hierarchie der relativen Vormächtigkeit organisiert sind" (Maslow 1977, 78). Diese Hierarchie der Bedürfnisse sieht wie folgt aus: Sobald – bzw. erst wenn – die physiologischen Mangelbedürfnisse wie Nahrung, Schlaf, Sexualität unter anderem gesättigt sind, treten die weiteren Mangelbedürfnisse, die nach Sicherheit, nach Liebe, nach Zugehörigkeit und nach Achtung – in eben dieser Reihenfolge – auf. Erst hiernach erscheinen die Wachstumsbedürfnisse wie zum Beispiel nach Ganzheit (Integration, Transzendenz/Überwindung von Dichotomie), Bescheidenheit, Komplexität, Einfachheit und einige andere mehr.

Hauptthese und Prämisse des Modells des Inneren Teams ist dagegen die Gleichzeitigkeit dieser – oder allgemeiner gesagt verschiedener – Bedürfnisse.

Die Tatsache, dass in einer Situation eines extremen Mangelbedürfnisses (vor allem eines physiologischen) dieses Bedürfnis den Inneren Machtkampf gewinnen wird, möchte ich nicht in Frage stellen. Ich halte allerdings eine klare zeitliche Trennung aller dieser Bedürfnisse und damit auch eine klare Abgrenzung von Bedürfnisbefriedigung und andauernder Mangelzustände für nicht haltbar.

So entspricht die Idee des Inneren Abwägens zwischen verschiedenen Bedürfnissen meines Erachtens auch eher dem Validitätskriterium[42] des ‚Gefühls der subjektiven Gewissheit' als der Theorie der Bedürfnishierarchie von Maslow.

Unabhängig von der Bedürfnishierarchie führte Maslow eine sogenannte ‚Selbstverwirklichungsstudie' durch. Er forschte damit als erster Psychologe auf einer Basis von Studien derjenigen, die „in ihrem Leben dieses Ziel seiner Meinung nach erreicht hatten" (Quitmann 1991, 221).

> Maslow weist darauf hin, dass die Studien über den selbstverwirklichenden Menschen ein zentrales Ergebnis hervorgebracht haben, nämlich dass bei diesen Menschen 'die Polaritäten verschwanden und viele Gegensätze als im Innern verschmolzen und miteinander zu einer Einheit verwachsen betrachtet' werden können. Die Konsequenzen für eine Gesellschaft, deren Stabilität wesentlich auf der Pflege dieser Dichotomie beruht, sind gewaltig; denn die Frage nach dem, was ein g u t e r Mensch ist, wird hinfällig, weil ein Mensch immer gut u n d böse zugleich ist, immer aktiv und passiv, ernst und humorvoll, mystisch und realistisch zugleich ist, und 'auch das Kognitive, Triebhafte und Emotionale verschmelzen zu einer organismischen Einheit […] Das Höhere und das Niedrigere befinden sich nicht im Gegensatz, sondern in Übereinstimmung, und Tausende erste philosophische Dilemmas bekommen plötzlich mehr als nur zwei Hörner oder, paradoxerweise, keine mehr. (Quitmann 1991, 227)

42 nach Allport (1958, 1959)

5 Prinzipien (II): Prinzipien des systemischen (Beratungs-)Ansatzes

Vom Abend bis zum Morgen saß er am Bett
des Kranken und weinte. Am nächsten Morgen starb er,
der Kranke aber lebte weiter.
(Saadi)

Dieses Kapitel ist von seiner Funktion für dieses Buch und für das Modell des Inneren Teams dem vorherigen vergleichbar: Es wird untersucht, ob verschiedene Prinzipien der systemischen Therapie und Beratung auch Prinzipien der Arbeit mit dem Inneren Team oder innerhalb dieser sind.

Probleme, Unwohlsein, Unzufriedensein, Innere Konflikte, Innere Widersprüchlichkeiten (Ambivalenzen) oder Innere Dilemmata werden im traditionellen systemischen Denken erklärt aus der Beziehung des Menschen zu seinem Umfeld, seiner Umwelt. Der Hauptfokus wird immer auf ein äußeres System gelegt. Handlungen werden in erster Linie als interpersonale Kommunikation mit anderen Mitgliedern dieses Systems gesehen.

> Die systemische Psychotherapie bzw. Beratung basiert auf dem Paradigma, dass Phänomene, welcher Art auch immer, nicht isoliert betrachtet werden können, sollen sie verstanden bzw. verändert werden. Nur wenn die spezifischen Wechselwirkungen und Rückkopplungsmechanismen in komplexen Systemen (Paarbeziehungen, Familien, Gruppen, Arbeitsteams, Organisationen und anderen Beziehungssystemen), die in der Regel nach einem Gleichgewichtszustand mit den umgebenden Umweltsystemen streben, begriffen werden, können neue Entwicklungsmöglichkeiten, Handlungsalternativen, neue Perspektiven und grundsätzliche Veränderungen entwickelt und erzielt werden. (Mücke 1998, 17)

Der Fokus des systemischen Denkens innerhalb dieser Arbeit liegt auf dem intrapersonalen System, das Handlungen hervorbringt und innerhalb dessen es einzelne Teile gibt, deren Interessen und Bedürfnisse sehr stark auf äußere Systeme bezogen sind. Das von Mücke (in seiner Einleitung) Beschriebene betrifft meines Erachtens *auch* das System Mensch. Jedes Verhalten eines Menschen ist Ausdruck der Wechselwirkungen und Rückkopplungsmechanismen seiner Inneren Stimmen bzw. Persönlichkeitsanteile, seiner sich widersprechenden Bedürfnisse.

Es sind die individuell gegebenen Bedeutungen, die ‚Personen-in-Kontexten' (Earman et. al 1993) bewegen. Unzufriedensein – im weitesten Sinne – nur an äußeren Einflüssen auszumachen bzw. durch interpersonale Kommunikation zu begründen, kann nicht ausreichen – auch nicht im Sinne des Konstruktivismus (vgl. 3.2.2). Meines Erachtens ist die systemische Zirkularitäts-Hypothese in Verbindung mit dem Autopoiese-Konzept plausibler: Zwischen konkreten Personen und ihrer Umwelt existieren Wechselwirkungen, sogenannte Rückkoppelungsschleifen. Über die Wahrnehmung und die Bedeutung dieser Rückkoppelungsschleifen entscheidet (meist jedoch nicht darüber reflektierend) jeder in Eigenverantwortung – und zwar in einem Inneren Dialog der unterschiedlichen Interessen, in Anlehnung an (Earman et. al 1993) im Dialog von Personen-in-Personen.

„Die Rekursivität der Sprache verweist auf die Fähigkeit, das erlebte Interaktionsgeschehen permanent zu qualifizieren, also Innere Kommentare über die Interaktion und über das eigene Erleben abzugeben. Dieses Phänomen ist als Innerer Bezugsrahmen in der Psychotherapie ein Begriff: In Familien sind es vielfach nicht die Auseinandersetzungen selbst, mit denen Familienmitglieder sich das Leben schwermachen, sondern die inneren Bewertungen dieser Auseinandersetzungen" (von Schlippe/Schweitzer 1997, 98). Im Folgenden werde ich weitere grundlegende Einstellungen sich selbst und seinen einzelnen Facetten gegenüber in Anlehnung an Annahmen und Haltungen, die für systemische Therapeut*innen und Berater*innen postuliert werden, erörtern.

Ich werde jedoch nicht die systemische Therapie ‚an sich' erörtern, sondern lediglich eine Auswahl der Prinzipien und Grundannahmen – und diese ausschließlich in ihrer Analogie zur Systemebene Mensch – darlegen. Dabei werde ich mich neben den Werken der einzelnen Therapeut*innen der spezifischen Konzepte der systemischen Therapie und Beratung auch auf die zwei Lehrbücher „Systemische Beratung und Psychotherapie" von Klaus Mücke (1998) und „Lehrbuch der systemischen Therapie und Beratung" von Arist von Schlippe und Jochen Schweitzer (2013) beziehen.

Analog zur Einleitung des Kapitels über die grundlegenden Annahmen und Haltungen in Anlehnung an die humanistische Psychologie (siehe VIERTER TEIL), erachte ich es auch hier für sinnvoll, mich auf konzept- und personenübergreifende (Lehr-)Bücher zu beziehen, die einzelne Prinzipien in einem übergeordneten Rahmen (hier den der systemischen Therapie und Beratung) darstellen. Ich werde also analysieren, ob diejenigen systemischen Grundhaltungen und Annahmen, die in beiden Lehrbüchern genannt werden, ebenfalls Prinzipien der Arbeit mit dem Inneren Team sind.

Zuvor möchte ich jedoch noch einer kritischen Stimme in mir Raum gewähren: Neben meiner Begeisterung und Faszination, aufgrund derer ich das Aufkommen systemischer Gedanken sowohl innerhalb der Therapie aber auch innerhalb der Pädagogik für außerordentlich fruchtbar, bereichernd und richtungsweisend halte, sehe ich *auch* eine ‚Achillesferse': Die Vernachlässigung des jeweils aktuellen Erlebens. In seiner Kritik stimme ich mit dem Schweizer Psychiater Luc Ciompi überein, der innerhalb des systemtheoretischen Diskurses eine Vernachlässigung der Gefühle hinsichtlich ihrer Wirkung auf das Denken und Handeln sieht (vgl. Ciompi 1997). So sieht Mücke zum Beispiel weder die Gleichwertigkeit, die Gleichzeitigkeit, noch das Postulat der Wechselwirkungen, wenn er schreibt: „Entscheidend scheint mir aber zu sein, dass gefühlsmäßige Veränderungen *nur* durch ein anderes praktisches Verhalten zu erreichen sind" (Mücke 1998, 46).

Das Modell des Inneren Teams birgt hier wiederum die Möglichkeit, diese Kritik zu entkräften, da im System Innerer Dialog jedem einzelnen Gefühl zu jeder Zeit eine entscheidende Bedeutung beigemessen wird, bzw. werden kann.

Einleitend werde ich einige systemische und systemtheoretische Standpunkte zum ‚Selbst' benennen:

Ein ‚Selbst' oder ein ‚Ich' – für Bateson konvertibel – erlebt sich im Rahmen ‚der Kontexte von Kontexten'. Es ist kein festgelegter Charakter, sondern offen für neue Erfahrungen und neue Rahmen, offen für systemische und ökologische Kontexte: Es ist ein Überschreiten des engen Rahmens des ‚Ichs', des ‚So-Seins'. Es ist offen für eine Veränderung von Gewohnheiten durch eine Weitung des Selbst, eine „Neudefinition" wie Bateson schreibt: „Aber jede Freiheit von der Knechtschaft der Gewohnheit muss auch eine tiefgreifende Neudefinition des Selbst kennzeichnen" (1999, 393). Bateson sieht das Selbst als ein System an und glaubt an einen ‚Paradigmenwechsel' in der Psychologie wie bereits einleitend zitiert, schreibt er: „Die Denkweise, die von Psychiatern entwickelt wurde, um Familien als ein System zu verstehen, wird man dahingehend anwenden, dass man *den Einzelnen als ein System* begreift. Dies wird einen grundlegenden Wandel auf dem Gebiet der Psychologie darstellen …" (zit. nach Schwartz 1997, 13 – Herv. D.R.).

Der Schweizer Psychiater und Systemtheoretiker Luc Ciompi unterteilt das Selbst in zwei Subsysteme: Das kognitive System und das affektive. Erfahrung und Erkenntnis beruhen auf Denken und Fühlen. So entwarf Ciompi – in Anlehnung an Maturana/Varela (1987) und Prigogine/Stengers (1981) – eine Systemtheorie der ‚strukturellen Kopplung' zwischen kognitivem und affektivem System. Diese Subsysteme innerhalb des ‚operationalen, rekursiven' Gesamtsystem ‚Mensch' oder ‚Selbst' sind nach Ciompi

Wechselwirkungen und Rückkopplungen ausgesetzt. Ciompi sieht es als Lernaufgabe an, eine „bessere Integration" zwischen dem Fühlsystem und dem Denksystem zu erreichen (1988, 206). Innerhalb des Modells des Inneren Teams können die Persönlichkeitsteile sowohl Gefühle als auch Gedanken repräsentieren bzw. sein. D.h. hier geht es genau darum, was Ciompi fordert: Eine Integration verschiedener Persönlichkeitsanteile, die je nach Situation affektive oder kognitive Subsysteme sein können. Ciompi sieht diese Subsysteme zwar in kommunikativer Beziehung: „Reziproke strukturelle Koppelung aber bedeutet nach Maturana gegenseitige Strukturmodifikation im *Interaktionsbereich*" (Ciompi 1988, 197 – Herv. D.R.), verharrt jedoch in einer Dichotomie, in Bezug zum Inneren Team in einem Inneren ‚*Di-alog*'. Die Arbeit mit dem Inneren Team befasst sich dagegen mit der Multiplizität des Systems ‚Selbst'. Auch Maturana selbst verharrt in seiner Analyse des Selbst in einer eindimensionalen Dialektik des Denkens und nicht im Sinne des Inneren Teams in einer mehrdimensionalen Dialektik: „Denken heißt spalten. Fühlen heißt vereinigen, vereinfacht gesagt. Erst beides zusammen ist das Ganze" (Maturana zit. nach Ciompi 1988, 186). Auf einer ersten Analyse-Ebene ist diese Aussage also zutreffend; in einer Reflexion anhand des Inneren Teams wird deutlich, dass auch Denken und Fühlen selbst wieder dialektisch sind, d.h. Koalitionen unterschiedlicher Persönlichkeitsanteile.

Übereinstimmend mit dem Modell des Inneren Teams ist Ciompi wiederum darin, dass es ‚bequemer' ist, die „jeweils ‚andere Seite' zu negieren und zu verleugnen, statt sie zu integrieren" (Ciompi 1988, 265).

5.1 Allgemeine Prinzipien

Auch wenn innerhalb der ‚Therapie-Schule' der systemischen Therapie und Beratung nicht in gleichem Maße unterschiedliche Konzepte mit ‚Gründervätern' oder ‚-müttern' sowie eigenen (weltweit vernetzten) Ausbildungsinstituten existieren[43] (wie bei den Psychoanalytikern bei Freud, Adler, Jung, den ‚Humanisten' z.B. Perls Gestalttherapie, Rogers Gesprächspsychotherapie, Cohns TZI ...) so werde ich doch auch diesen TEIL zu Beginn in allgemeinen Prinzipien erläutern und dann auf unterschiedliche Konzepte eingehen, deren Prinzipien auch die des Inneren Teams sind bzw. erörtern, ob es Prinzipien innerhalb der Arbeit mit dem Inneren Team sind.

---

43 mit Ausnahme der Milton Erickson-Institute (in Deutschland z.B. in Heidelberg und Berlin)

5.1.1 Den Möglichkeitsspielraum vergrößern

Heinz von Foersters[44] ethischer Imperativ, „Handle stets so, dass du die Anzahl der Möglichkeiten vergrößerst" (zit. nach von Schlippe/Schweitzer 2013, 201) ist auf der einen Seite Grundidee der Arbeit mit dem Inneren Team, da eine Person hierbei mehrere, unterschiedliche Persönlichkeitsanteile ausfindig macht, die unterschiedlich handeln wollen, und somit den Möglichkeitsraum der Person vergrößern; auf der anderen Seite sind genauso Tabus (Denkverbote), Dogmen, Richtig-/Falsch-Bewertungen und alles Weitere, was den eigenen Handlungsspielraum einschränkt, Teile einzelner Persönlichkeitsaspekte. Diese werden aber innerhalb der Reflexion anhand des Inneren Teams identifiziert und befragt, so dass die dahinterstehenden Interessen und Bedürfnisse erkannt werden. von Foersters Imperativ wird somit letztendlich gerade durch dieses Konzept umgesetzt.

So sollte bei der Beschreibung der Persönlichkeitsteile immer auf diese Tabus, Denkverbote und Denkeinschränkungen besonders geachtet werden. Das In-Frage-Stellen von dem, was ich bis jetzt glaubte, wie ich, wie die Welt und wie Andere sind, ist immer ein erster Schritt hin zum (Er-)Finden von Handlungsalternativen und damit der Freiheit zu wählen. Es ist ein Schritt in die Richtung, mögliche Lösungen zu finden.

5.1.2 Zirkularität – Innere Bezogenheit

Die Logik ist ein armseliges Modell von Ursache und Wirkung.
(Gregory Bateson 1987, 77)

Allgemein bezeichnet man im systemischen Denken mit ‚Zirkularität' eine „Folge von Ursachen und Wirkungen, die zur Ausgangsursache zurückführt und diese bestätigt oder verändert" (Simon/Stierlin 1992, 393). Von Ursache und Wirkung zu sprechen, ist eine Frage der Setzung eines Anfangspunktes, der dann Ursache genannt wird. ‚Der Junge rebelliert, die Lehrer werden strenger, der Junge rebelliert …' oder ‚Die Lehrer sind streng, der Junge beginnt zu rebellieren, die Lehrer werden strenger …'

Diese Setzung ist aber nicht zwingend. Genauso könnte ich diese Ursache schon als Wirkung betrachten, wenn ich einen früheren Erklärungsansatz/Anfangspunkt wähle (vgl. Watzlawick/Beavin/Jackson 2000, 57ff).

44 von Foerster 1985, 1987, 1998, 1999

Ebenso wie jedes äußere Verhalten eingebunden ist in unterschiedliche Kreislaufprozesse und sich demnach gegenseitig bedingt, so sind auch die Inneren Dialoge zirkulär. So wie sich im interpersonalem Feld keine Ursache-Wirkungs-Hypothesen aufrechterhalten, so ist es auch im intrapersonalem Bereich. Die Annahme von Ursachen auf der einen Seite und daraus resultierenden Wirkungen auf einer anderen, also einem naturwissenschaftlichen-physikalischem Erklärungsprinzip, ist auf die Erforschung der Psyche/des ‚Selbst' sowie auf einzelne Persönlichkeitsaspekte nicht übertragbar.

Auch in einem innerpsychischen Team sind jedwede Gedanken und Gefühle Ausdruck und ‚Äußerung' und können somit immer *auch* als Botschaft an andere Persönlichkeitsanteile verstanden werden – und zwar immer sowohl als Aktion (Ursache) als auch Wirkung (Reaktion). Dieser andere Persönlichkeitsanteil nimmt den kommunikativen Aspekt – meist allerdings nicht reflektierend – wahr und ‚re-agiert'. Geäußerte Handlungen und Verhaltensweisen sind demnach Ergebnisse Innerer Machtkämpfe und beziehen sich somit weniger auf die *wirkliche*, äußere Situation. So können trotzige, rebellische und verletzte Anteile Äußerungen hervorrufen, die von anderen Personen nicht nachvollziehbar sind. Solche Äußerungen oder Verhaltensweisen sind zum Beispiel diejenigen von (verhaltensauffälligen) Kindern, durch die sie sich das Leben immer schwerer machen (zum Beispiel durch Strafen). Oder es sind diejenigen Persönlichkeitsanteile von Erwachsenen, die diese dazu verleiten, zu rauchen, zu viel oder zu ungesund zu essen, sich zu wenig zu bewegen, Alkoholiker*in oder ‚Workaholics' zu werden.

Ein *schönes* Beispiel für die Zirkularität von ‚Begründungen', für eine interessante Systemebenen-Verschiebung, wie auch gleichzeitig ein schöner Bezug zum (schul-) pädagogischen Rahmen dieser Arbeit ist folgendes Gedankenexperiment:

> So kann aus der Wechselwirkung der Ideen: ‚Die Schüler sind unmotiviert, weil sie schlechte Pädagogen haben' und: ‚Die Pädagogen sind frustriert, weil ihre Schüler unmotiviert sind' zunächst die Idee entstehen: ‚Schüler und Pädagogen frustrieren und demotivieren sich gegenseitig.' Weitere Kreisläufe können etwa gesellschaftliche Zusammenhänge mit einbeziehen: ‚Die Schulpflicht und ihre Umsetzung machen die individuelle Motiviertheit von Schülern und Lehrern für das Überleben der Institution Schule entbehrlich; entsprechend motivieren unmotivierte Schüler und frustrierte Pädagogen den Staat immer wieder dazu, die gesetzliche Schulpflicht in der bisherigen Form aufrechtzuerhalten.'
> (von Schlippe/Schweitzer 2013, 205)

Mit Hilfe der Arbeit mit dem Inneren Team könnte man die Frustration sowohl der Pädagog*innen als auch der Schüler*innen durchaus effektiv untersuchen und ‚auflösen' bzw. ‚aufheben'.

5.1.3 Wertschätzung aller eigenen Persönlichkeitsfacetten

Innerhalb der Arbeit mit dem Inneren Team ist es von grundlegender Bedeutung, dass allen beteiligten Persönlichkeitsanteilen uneingeschränkte Wertschätzung und Würdigung entgegengebracht wird. Gleichzeitig ist ebendiese Wertschätzung ein hohes Ideal, da es immer wieder Anteile geben wird, die wir erst einmal nicht verstehen, andere die wir nicht haben wollen und lieber ‚verdammen' als sie wertzuschätzen. So kann es manchmal einiger Erforschungen bedürfen, ungeliebten Anteilen etwas Achtenswertes und Schätzenswertes abzugewinnen. „Würdigung, Achtung und Respekt dem Menschen und seiner systemischen Verwurzelung" (Mücke 1998, 25) gegenüber sind zentrales Element als auch gleichzeitig das ethische Fundament systemischer Therapie und Beratung (vgl. ebd.).

Gleiches hat auch Gültigkeit bezüglich der einzelnen sich widersprechenden Persönlichkeitsaspekte. Deren Würdigung genauso wie die Würdigung dessen, was Status quo ist, also wie die einzelnen Persönlichkeitsanteile zur Zeit in Beziehung zueinander stehen, ist wichtige Basis der Arbeit mit dem Inneren Team. Erst durch eine Anerkennung des Ist-Zustandes kann ich durch eine „Aufhebung des Bestehenden im Sinne seiner Bewahrung und Überwindung nach Hegel" kommen (ebd.). Den Status quo einer sich selbst offensichtlich schädigenden Verhaltensweise, die von einflussreichen Persönlichkeitsanteilen initiiert wurde, wird dann wertschätzend anerkannt, wenn die Geschichtlichkeit dieses Persönlichkeitsanteils erkannt wurde. „Solche Handlungen aber sind nur durch das Anerkennen dieser schuldhaften Verstrickung und ihrer Aufhebung durch Sühne, Wiedergutmachung und systemischen Ausgleich zu würdigen" (Mücke 1998, 26).

Innerhalb der Arbeit mit dem Inneren Team werden Persönlichkeitsanteilen spontan oft ‚negative' Namen gegeben. Diese müssen immer umbenannt werden. In dieser Umbenennung wird die unbedingte Wertschätzung prägnant. Analog zu äußeren Gruppen werden Beteiligte, die das Gefühl habe, von den Anderen abgelehnt zu werden, höchstwahrscheinlich nicht bestmöglich an gemeinsamen Zielen mitarbeiten.

Somit ist die unbedingte Wertschätzung aller eigenen Persönlichkeitsfacetten zwar unbedingter Teil der Arbeit mit dem Inneren Team, aber nicht Voraussetzung. Innerhalb dieser wird es dann zu einer Wertschätzung kommen.

Für die Phase der Lösungssuche innerhalb der Arbeit mit dem Inneren

Team ist es dann aber wichtig, die Wertschätzung allen Persönlichkeitsanteilen gleichermaßen zuteil werden zu lassen. Diese Allparteilichkeit ist die Fähigkeit (des ‚Selbst'), für alle Anteile zu gleichen Teilen Partei zu ergreifen und die Fähigkeit, deren Verdienste zu würdigen.[45]

Boszormenyi-Nagy und Sparks definieren die Allparteilichkeit in ihrer Bedeutung für die zwischenmenschliche Systemebene der Familie als „innere Freiheit, nacheinander die Partei eines jeden Familienmitgliedes zu ergreifen in dem Maße, in dem sein einfühlendes Verstehen und sein strategisches Vorgehen dies erfordern" (1981, 242). Um diese innere Freiheit wiederum zu erlangen, kann die Arbeit mit dem Inneren Team eine Hilfe sein.

Die beschriebene Wertschätzung bezieht sich also auf einzelne Persönlichkeitsaspekte, ebenso wie sie sich aber *auch* auf die Gesamtperson, das ‚Selbst' bezieht (ursprünglicher Bezugsrahmen der systemischen Therapie und Beratung). Die Arbeit mit dem Inneren Team macht demnach weder eine Person und nicht einmal einen einzelnen Persönlichkeitsteil zur Klient*in, Patient*in oder ‚Schuldigen'.

Hier besteht eine Parallele zwischen einer systemischen ‚Selbst'-Analytiker*in und einer Praktiker*in der Kurztherapie:

> Der Praktiker der Kurztherapie betrachtet *das Problem* als den ‚Patienten'. Das ist der wesentliche Unterschied zwischen der Kurztherapie und anderen Therapieformen, die den ‚Patienten' in einer Person – bzw. in mehreren Personen – sehen. (De Shazer 1997, 37)

Ein Problem besteht immer nur aus einer gewissen Verhaltensweise, die aufgrund einer bestimmten Konstellation der Persönlichkeitsanteile, aufgrund der Zusammensetzung und Stimmung des Inneren Teams entsteht. Die Haltung, den Status quo anzuerkennen, ist deswegen so wichtig, da diejenigen Persönlichkeitsanteile, die diesen Status quo initiierten, ansonsten eine konstruktive Lösung boykottieren würden. In äußeren Gruppen würde dies einer Abstrafung und Entlassung eines Mitgliedes aus einer bestimmten Verantwortung bedeuten. Würde die Gruppe mit keinem Wort auf das abgestrafte Mitglied eingehen, fühlt dieses sich schuldig, ausgestoßen und es ist wahrscheinlich, dass es die Gruppe verlassen oder dass es

---

45 Innerhalb der systemischen Therapie und Beratung wird anstelle des Prinzips der Allparteilichkeit (vgl. Boszormenyi-Nagy/Framo 1975) auch manchmal von dem Prinzip der Neutralität gesprochen (Selvini Palazzoli et al. 1981). Ich halte den Begriff der Allparteilichkeit für geeigneter, da er explizit den Irrtum ausschließt, man könne nicht bewerten. „Man kann nicht nicht bewerten" (Mücke 1998, 145).

intrigieren wird. Die Gruppen zu verlassen, ist in einem Inneren Team jedoch nicht möglich, sodass es in diesem Fall zwangsläufig zu Intrigen kommen wird.

Bezüglich der Wertschätzung eines vermeintlich negativen Verhaltens, ebenso wie in Bezug zu einzelnen Eigenschaften, die innerhalb einer Arbeit mit dem Inneren Team als eigenständige Persönlichkeitsanteile angesehen werden, möchte ich eine kurze Passage aus dem Lehrbuch von Klaus Mücke wiedergeben:

> Zum Beispiel erfordert ‚unterwürfig sein' folgende intraindividuellen Kompetenzen: die Fähigkeit, sich zurückzunehmen, sich auf den anderen einzustellen, eigene Bedürfnisse zurückstellen, zuhören können; Rücksicht zu üben, andere aufzuwerten, Verantwortung abzugeben, Anpassungsfähigkeit etc.
> Interindividuell hat dieses Verhalten mitunter folgende Auswirkungen: Es schafft Harmonie; andere fühlen sich bestätigt und anerkannt; den anderen wird Platz, Macht und Einfluss eingeräumt; etc. (Mücke 1998, 35)

5.1.4 Die Neugier, sich selbst kennen zu lernen

Grundlegende Haltung in der Arbeit mit dem Inneren Team – als auch in dieser Arbeit – ist eine Neugier, sich selbst kennen zu lernen. Jede Reflexion ist eine solche Selbst-Erfahrung. Wenn es mich nicht interessiert, warum ich mich gerade genau so verhalte, was mein Ziel bei diesem oder jenem Verhalten ist oder wie ich mich auch anders verhalten könnte, dann existiert diese Neugier nicht und Verhaltensänderungen können nicht bewusst und nicht zielgerichtet ‚passieren'. Der systemische Therapeut Cecchin (1988), der erst gemeinsam mit den anderen Mitgliedern des alten Mailänder Teams (Selvini Palazzoli et al. 1981) die Prinzipien der Zirkularität, des Hypothesenbildens und der Neutralität fokussierte, entwickelte später das Prinzip der Neugier. Er sieht die Neugier als Widerspruch zu einer Gewissheit einer Kausalität ebenso wie zu einer Gewissheit einer bestimmten Moral. Die Neugier ist das Interesse an Mustern – im Falle des Inneren Teams an den Mustern des intrapersonalen Umgangs mit sich widersprechenden Bedürfnissen – und an der Vielfältigkeit. Es ist kein Interesse an Bewertungen.

„Systemische Neugier interessiert sich für die jedem System immanente Eigenlogik, die als weder gut noch schlecht, sondern schlicht als wirksam angesehen wird, weil sie sich für dieses System offensichtlich evolutionär bewährt hat" (von Schlippe/Schweitzer 2013, 207). Da der Mensch sich immer weiterentwickelt, sich immer wieder neue Innere Dialoge bilden, impliziert die Neugier, sich selbst kennen zu lernen, auch die Unmöglichkeit, sich selbst endgültig und umfassend und für immer zu kennen. Insofern ist die Unwissenheit eine Voraussetzung als auch eine Ressource (vgl. Anderson/Goolishian 1992).

> Wir [...] sind aufgefordert, dieses Nichtwissen [...] dazu zu nutzen, weitere Puzzle-Varianten zu fördern und die vorschnelle Schließung des Dialogs zu verhindern [...] Fragen wir von einer Perspektive des Wissens, geleitet von Theorien oder eigenen Verstehenskonzepten, so erfragen wir damit die Geschichte, die bereits in unserem Kopf ist. (Epstein, zit. nach von Schlippe/Schweitzer 1997, 121f)

In Bezug zu Erkenntnistheorien, die Teil des DRITTEN TEILS dieser Arbeit sind, als auch zur wissenschaftlichen Motivation hat Foucault die Neugier als eine Loslösung von sich selbst beschrieben. In diesem Sinne ist die Arbeit mit dem Inneren Team ebenfalls eine neugierige Loslösung von sich selbst als einheitlicher, homogener Gesamtperson:

> „Foucault meint, Motiv seiner Arbeit sei die ‚Neugier' nicht diejenige, die sich anzueignen versucht, was zu erkennen ist, sondern die gestattet, sich von sich selber zu lösen'" (Fink-Eitel 1989, 11).

5.1.5 Ressourcenorientierung

Die Ressourcenorientierung ist eine grundlegende Haltung, die sich aus der vorher genannten Wertschätzung ergibt. Wenn ich Verhaltensweisen nicht als Defizite bezeichne, wenn es mir also gelingt, diese wertzuschätzen und damit auch positiv zu konnotieren, verschiebt sich der Fokus meiner Betrachtung auf die Ressourcen.

Die Ressourcenorientierung als Prinzip der Therapie ist in erster Linie von dem bereits genannten Erfinder der Kurztherapie, De Shazer, ausgearbeitet worden. Das Modell des Inneren Teams ist insofern ressourcenorientiert, als es die Annahme impliziert, jedes ‚Selbst' habe alle Ressourcen und Lösungsmöglichkeiten in sich und insofern es innerhalb der Arbeit mit dem Inneren Team immer darum geht, diese Ressourcen herauszufinden. Für die Arbeit mit dem Inneren Team ebenso wie für die systemische Beratung und Therapie wird aus pragmatischen Gründen davon ausgegangen, dass die Möglichkeit der Lösungsfindung in einem selbst liegt; d.h. in der Sprache des Inneren Teams, dass es ‚lediglich' auf die Aufstellung und Atmosphäre im Inneren Team ankommt.

> Und es erweist sich therapeutisch oft als nützlicher, davon auszugehen, Menschen verfügten an jedem Punkt ihrer Entwicklung über eine Vielzahl von Möglichkeiten, sie entschieden sich aber – aus subjektiv respektablen Gründen – vieles von dem, was sie tun könnten, zumindest vorläufig noch nicht (oder nur manchmal) zu tun. (von Schlippe/Schweitzer 2013, 210)

Das Modell des Inneren Teams entspricht allerdings nicht einer Lösungsorientierung im Sinne De Shazers. In dessen Kurztherapie wird dem Problem an sich keinerlei Bedeutung und Beachtung beigemessen. In der Idee des Inneren Teams liegt jedoch der Schlüssel der Lösung in eben den Bedürfnissen, die zu dem problematisch erlebten Verhalten geführt haben. Um diese Bedürfnisse herauszufinden, liegt der Fokus erst einmal auf dem Status quo, dem gezeigten Verhalten.

5.1.6 Der Umgang mit ‚Widerständen'

Eins der bedeutendsten Prinzipien der Arbeit mit dem Inneren Team ist dasjenige, dass es keine Widerstände (im gebräuchlichen Wortsinn) gibt, weder bei einzelnen Persönlichkeitsanteilen innerhalb einem selbst noch bei einem Gegenüber. Vermeintliche Widerstände werden immer als ein Persönlichkeitsanteil angesehen, der in seinem Bedürfnis anderen Anteilen widerspricht und der gleichermaßen wertgeschätzt wird.

Insofern ist es wichtig, immer so zu handeln, als gäbe es auf Seiten der Persönlichkeitsaspekte als auch auf Seiten des Gegenübers keinen ‚Widerstand' (vgl. 1. Pragmatische Regel bei Mücke 1998, 100).

> Schließlich kann kein Mensch eine zweifelsfreie Aussage über das Erleben eines anderen Menschen machen und sagen, was wirklich in dem anderen vorgeht; denn dann wüsste ein Mensch über einen anderen besser Bescheid als dieser selbst. Selbst wenn man den Verdacht hat, hier handle es sich um Widerstand und in Wirklichkeit verberge sich hinter den Äußerungen des Kunden/der Kundin ein unbewusster (Innerer, Anm. D.R.) Konflikt, dann sollte man sich bewusst sein, dass das nur die eigene Konstruktion ist und man selbst dem Verhalten des Kunden/der Kundin diese Bedeutung gegeben hat. (Mücke 1998, 101)

Die ‚eigene Konstruktion' wiederum ist das Ergebnis des Inneren Dialoges.

Und doch ist ja gerade der Innere Machtkampf, auch ein Innerer Widerspruch, ein innerer ‚Widerstand'. Wahrscheinlich kennt jeder von uns bestimmte Verhaltensweisen (wie zum Beispiel zu viel oder zu wenig essen, zu wenig bewegen, sich zu wenig Zeit nehmen für ...) oder Gefühle (wie zum Beispiel Eifersucht, Sorgen, Traurigkeit, Ärger, Wut, Hass, ...), die wir gerne loswerden wollen. Es gibt heftige Abwehrreaktionen in uns und wir versuchen alles, diese Verhaltensweisen und Gefühle ‚abzustellen'. Ebendies ist ein Inneres Dilemma, ein Innerer Machtkampf.

Im Sinne des Inneren Teams sind diese Inneren Widerstände keine dem eigenen Organismus feindlich gesinnten Teile. Persönlichkeitsteile haben jeweils nur ein Bedürfnis, dieses kann zwar feindselig anderen Teilen gegenüber sein, aber nicht sich selbst oder der Gesamtperson gegenüber. Stattdessen können wir davon ausgehen, dass diese Teile wichtige Informationen in sich tragen, dass sie sich für Bedürfnisse einsetzen, welche die Gesamtperson vernachlässigt.

Diese Informationen herauszufinden, ist Ziel der Arbeit mit dem Inneren Team. Wenn ich aber den – aus der jeweiligen aktuellen Situation heraus sehr verständlichen – Wunsch habe, das Verhalten zu verändern, oder das Gefühl schnellstmöglich los zu werden und wenn ich gegen Verhalten oder Gefühl ankämpfe, verstärke ich durch die Aufmerksamkeit auf ebendiese ihre Wirkmacht. Letztendlich wäre es sogar ungünstig, wenn es mir gelänge, das Verhalten oder Gefühl zu eliminieren, denn dann würde ich den impliziten Informationsgehalt missachten. Der betroffene und bekämpfte Persönlichkeitsanteil würde sich in Zukunft mit anderen, stärkeren Mitteln für das dahinterliegende, missachtete Bedürfnis einsetzen. Eine Symptom-Spirale, ein sogenannter Teufelskreis, würde sich in Gang setzen.

So gibt es einen ‚Widerstand' in herkömmlicher therapeutischer (auf Freud zurückgehender) Bedeutung innerhalb der Arbeit mit dem Inneren Team nicht. Einen sinnvollen, wohlwollenden und (lebens-) wichtigen Widerstand in der Bedeutung von sich widersprechenden Bedürfnissen gibt es sehr wohl.

5.2 Das ‚Reflektierende Innere Team' (Andersen)

Wir werden die Person, die wir werden, indem wir uns ausdrücken, wie wir uns ausdrücken.
(Tom Andersen)

Mit diesem Zitat von Andersen möchte ich mich nicht selbst unter Druck setzen (mich möglichst ‚gut' bzw. ‚richtig' im Sinne der Leser*in auszudrücken), sondern auf die große Bedeutung aufmerksam machen, die Andersen der Sprache, dem Ausdruck und damit dem informativen ebenso wie normativen Charakter des sich Mitteilens gibt.

Und dennoch gilt natürlich eben dieses auch für mich als Autor dieser Untersuchung.

Grundidee des Reflektierenden Teams bei Tom Andersen ist die Annahme, dass sich jegliche Eingriffe in Selbstorganisationsdynamiken über kurz oder lang als schädlich für die Ökologie des jeweiligen Systems herausstellen[46]. Dieser Gedanke hat die therapeutische Konsequenz, von Interventionen abzusehen und dem ratsuchenden System, genauso wie den ratsuchenden Persönlichkeitsanteilen, eine Vielfalt von Perspektiven, Anregungen, Phantasien und Lösungsideen anzubieten, von denen es sich die passenden und wirkmächtigen aussucht – ganz nach seinen Bedürfnissen. Dabei sollten alle Stellungnahmen im Konjunktiv oder in Frageform formuliert sein, um nicht neue ‚*Wahrheiten*" zu erzeugen und um die Beschreibungs- und Erklärungskonstruktion der leidenden, veränderungswilligen Teile nicht abzuwerten.

Die Perspektivenvielfalt des beobachtenden Therapeut*innenteams hinter einer Einwegscheibe wird in der Methode des Reflektierenden *Inneren* Teams durch nicht-leidende Persönlichkeitsanteile geleistet. Da es sich um mehrere und sich demnach teilweise widersprechende Erklärungsphantasien bzw. -vorschläge handelt, können sowohl im interpersonalem als auch intrapersonalem RT nicht alle Erklärungs- und Beschreibungsansätze wie auch nicht die daraus folgenden Lösungsstrategien angenommen werden. Es ist eine in anderen Therapien (vor allem der Psychoanalyse) als Widerstand bezeichnete Ablehnung einer Intervention oder einer Äußerung sogar notwendig.

Durch die Vielfalt der Ideen und Lösungsmöglichkeiten wird ein offenes Inneres Widersprechen nötig. Andersen schreibt hierzu: „Das ‚Nein' ist grundlegend" (1996, 46). Und gerade diese Innere Nein-Stimme ist der Persönlichkeitsteil, der sich abweichend verhalten möchte und der mit seinen Bedürfnissen in das Innere Team integriert werden muss.

In diesem Sinne ist das Reflektierende Innere Team immer *auch* Teil der Arbeit mit dem Inneren Team. Voraussetzung hierbei ist allerdings die wohlwollende Einstellung des Reflektierenden Teams, also der Teilpersönlichkeiten. Diese ist in der Regel zu Beginn nicht gegeben. D. h. der Innere Machtkampf muss erst in eine Kooperationsbereitschaft münden, so dass dann ein Reflektierendes Inneres Team möglich ist.

46 Andersen entwickelt seine Ideen in expliziter Anlehnung an Bateson (z.B. Andersen 1998, 31ff).

Jürgen Hargens und Arist von Schlippe beschreiben in ihrem Buch „Das Spiel der Ideen – Reflektierendes Team und systemische Praxis" (1998) die Faszination des Reflektierenden Teams anhand einer schönen Analogie: „Man kann sich das so vorstellen, als ob man an einer geöffneten Tür vorbeigeht und den eigenen Namen hört: es ist viel interessanter, stehen zu bleiben und zuzuhören, als hineinzugehen und ‚mitzumischen'" (Hargens/von Schlippe 1998, 17). An diesem Beispiel wird deutlich, dass eine allgemeine wertschätzende Perspektive unumgängliche Prämisse ist. Entwertungen haben hier keinen Platz. Alle Beteiligten werden sozusagen ‚sanft gezwungen', sehr sorgsam und wertschätzend mit ihrer Sprache umzugehen. Ulrich BECK hat die Bedeutung der Wortwahl sehr schön durch folgenden Satz formuliert: „Wir wohnen in der Sprache" (zit. nach ebd., 36).

Für Andersen ist das Reflektierende Team eine Möglichkeit, das übergeordnete Konzept der ‚reflektierenden Prozesse' umzusetzen. Dies sind offene Gespräche, die einer gesamtgesellschaftlichen und auch therapeutischen Grundeinstellung eines ‚Besser-Wissens' anderer, also eines Expertentums widersprechen[47] (vgl. Andersen 1998). Die Macht Außenstehender, sogenannter Expert*innen wird in reflektierenden Prozessen reduziert. Sie entsprechen in ihrer Struktur auch weit eher sowohl dem emanzipatorischen Ziel jeder therapeutischen oder beraterischen Arbeit, als auch den konstruktivistischen Prinzipien und hier vor allem der Unmöglichkeit zielgerichteter Einflussnahme. In meiner therapeutischen Erfahrung – sowohl in der Rolle des ‚Klienten' (im Rahmen meiner Ausbildung) als auch der des Begleiters – kenne ich den Wunsch und die Zwickmühle, einen Rat zu suchen. Die Einstellung und die Methode des Reflektierenden Inneren Teams und die Konzepte der Selbstanalyse der Teilpersönlichkeiten entsprechen explizit und im Vergleich zu anderen Konzepten weitreichender der Philosophie: ‚Jeder ist sich selbst der beste Experte'.

Das Reflektierende Innere Team kann somit als Grundidee und Bestandteil der Arbeit mit dem Inneren Team verstanden werden. Ebenso kann es auch als eine Methode *innerhalb* der Arbeit mit dem Inneren Team angewendet werden. Das ‚Selbst' kann ein Reflektierendes Inneres Team kurzfristig einberufen.

Aufgrund dieser doppelten Bedeutung, aufgrund der kommunikationstheoretisch interessanten Perspektive, aufgrund der Tatsache, dass im RT viele systemische Prinzipien deutlich werden sowie aufgrund der expliziten Stellungnahme zu Inneren Dialogen werde ich mich diesem Konzept etwas ausführlicher widmen:

47 vgl. auch Foucault (1976, 1989)

5.2.1 Kommunikation und Veränderung: Innere Dialoge

Anscheinend spricht der Mensch ständig mit sich selbst […] (Andersen 1996, 43)

Im Folgenden werde ich mich in erster Linie auf zwei zentrale Begriffe des Reflektierenden Teams (RT) – und damit auch des Inneren Reflektierenden Teams – konzentrieren: Kommunikation und Veränderung.

Kommunikation bzw. eine Begegnung zweier Menschen ist nach Andersen dann gegeben, wenn „zwei ‚innere' Prozesse und ein ‚äußerer' Prozess parallel verlaufen" (1996, 43). Es sind zwei intrapersonale Dialoge und ein interpersonaler. „Das ‚innere' Reden scheint mindestens zwei Zielen zu dienen: sich mit den ausgetauschten Ideen zu beschäftigen und mit der Teilnahme des Menschen am ‚äußeren' Gespräch" (ebd.). Erstgenanntes ist eine ‚Ausweitung des Wahrnehmens, Erkennens und Handelns und damit eine Veränderung. Eine Veränderung aufgrund Innerer Dialoge.

Nach Andersen gibt es zwei Arten von Veränderung. Die erste „bezieht sich auf das Handeln (Verhalten) einer Person, wenn diese Veränderung von außerhalb instruiert oder auferlegt wird" (ebd., 44). In der Sprache des Inneren Teams: Hierbei werden Innere Dialoge unterdrückt und der ‚unterwürfige', ‚angepasste' oder ‚konfliktscheue' Persönlichkeitsanteil ist dominierend. Die zweite Art der Veränderung „kommt von innen, wo die Prämissen des Handelns (Verhaltens), nämlich die Aspekte des Erkennens und Wahrnehmens, erweitert werden" (ebd.). Im Grunde ist es ein Erkennen von Veränderungsmöglichkeiten, die das eigene Repertoire schon bereithält. Dieser Gedanke knüpft an Ideen aus der humanistischen Psychologie und deren Konzepte an. Dies ist ein Innerer Dialog, in dem mehrere Handlungsalternativen aufgrund unterschiedlicher Einschätzungen, Bedürfnisse, Befürchtungen und Hoffnungen (unterschiedlicher Anteile) er- und abgewogen werden.

Veränderung kann also entweder Verhalten begrenzen oder erweitern.

Ich werde versuchen, einige der Thesen und Hintergründe des RTs in Bezug auf die Kommunikation (Mitteilungen/Ausdruck/Sprache/Intention) von Autor*innen des RT (also Andersen und andere) mit mir selbst, als auch meiner Kommunikation mit der Leser*in sowie natürlich der Kommunikation in einem Inneren Dialog zu thematisieren. Ebenso wie ich versuchen werde, die Veränderungen oder möglichen Veränderungen aller der genannten Beteiligten als auch der beteiligten Persönlichkeitsteile, zu beleuchten. Ich werde also zum Beispiel erörtern, ob Andersens Theorie der Veränderung auch diejenigen Veränderungen erklären können, die das RT entstehen ließen und letztendlich ausmachen. Es ist ein Versuch, das RT reflektierend zu betrachten und sozusagen auf sich selbst anzuwenden. Ebenso ist es ein Versuch, die Ideen zu übertragen auf das Modell des Inneren Teams.

Als mögliche Entwicklungen und Weiterführungen des RT nennt Andersen selbst, eine genaue Betrachtung des Prozesses der Begegnungen (vgl. Hargens/von Schlippe 1998). In ähnlichem Maße wie ich versuchen werde, zu untersuchen, welche Konsequenzen für Therapeut*innen/Berater*innen die praktische Durchführung des RT hat, werde ich auch anhand einiger Beispiele den Prozess der inter- und intrapersonalen Begegnung zu beschreiben versuchen.

Dieses Kapitel wird demnach eine Beschreibung, eine kritische Würdigung, als auch eine gedankliche Weiterführung des RT beinhalten. Niemals jedoch im Sinne objektiver Wahrheiten, sondern immer im Sinne Andersens: Im Sinne eines Anbietens von Komplexität und von möglichen Sichtweisen. Sinn kann immer nur sein, angemessen ungewöhnlich zu ‚verstören' (vgl. auch von Schlippe/Schweitzer 2013, 337f).

5.2.2 Mein Verständnis des Reflektierenden Teams (RT)

Mein Verstehen von Andersens Texten mag nicht exakt dem entsprechen, was Andersen selbst gemeint hat, aber er selbst schreibt: „wir gestatteten uns, das, was wir lasen, so zu verstehen, wie wir es verstanden" (Andersen 1996, 30). Und ebendies gestatte ich mir auch.

Durch die vielleicht ungewöhnliche Formulierung „Mein Verständnis ..." möchte ich von Beginn an den konstruktivistischen Hintergrund – sowohl den von Andersen und seinem Team, als auch meinen persönlichen – explizieren. Wie bereits angedeutet, wird mein Verstehen des RTs abweichen von dem Andersens – ebenso wie das Verstehen der Leser*in (von dieser Arbeit) wahrscheinlich von meinem Verstehen abweicht. Das ist das Risiko, aber auch die Chance einer jeden interpersonalen Kommunikation. Die Chance besteht in Veränderung und Weiterentwicklung. Aus diesem Grunde erscheint mir eine ausführliche Beschreibung meines Verständnisses plus ‚Erklärung' bzw. Interpretation des RTs sehr spannend. Und hier besonders die Entstehung und Entwicklung und Veränderung des RT selbst. Um das Kapitel insgesamt verständlicher zu gestalten, werde ich erst die Struktur des RTs beschreiben, um dann – nach der Entstehungsgeschichte – ins Detail überzugehen.

5.3.2 Struktur

Ein ratsuchendes System (*eine* oder mehrere Personen, zum Beispiel Familien, eine Familie plus Lehrer*in oder plus Ärzt*in oder eine Organisation, ein Arbeitsteam, ein Paar, eine Einzelperson) wird von einer Berater*in, einer Therapeut*in oder vom Selbst interviewt. Sie werden gemeinsam das ‚therapeutische System' genannt. Hinter einer Einwegscheibe oder im selben Raum in zweiter Reihe (und während des Interviews unbeteiligt) sitzen ein bis drei Therapeut*innen/Berater*innen. Sie werden das beobachtende System (oder: das Reflektierende Team) genannt und sollen während der Interview-Phase nicht sprechen – auch nicht untereinander. Sie haben die Aufgabe, ihre Gedanken, Ideen, Phantasien, sprich alle Inneren Persönlichkeitsaspekte, die sich bezüglich des Konfliktes bzw. bezüglich ergänzender Beschreibungen und Erklärungen des Problems/der Situation melden, gedanklich festzuhalten.

Nach einer gewissen Zeit (in der Regel nach ca. 20 – 30 Minuten) werden die Räume bzw. die Positionen getauscht. Nun beobachtet das ratsuchende, das ‚therapeutische System' (also die Therapeut*in und die Klient*in), was das beobachtende, das Reflektierende Team sich für Gedanke gemacht hat. Ob überhaupt gewechselt wird und wenn ja, wann, bestimmt das therapeutische System. Vor diesem Wechsel wird dem ratsuchenden/festgefahrenen System erklärt, dass sie sich nun zurücklehnen, erst einmal nur zuhören, entspannen und ihren eigenen Gedanken nachgehen könnten, ganz wie sie wollten. Diese Reflexionsphase dauert in der Regel 5 bis 10 Minuten, bis jeder aus dem RT seine Version der Dinge genannt hat und ein kurzer Austausch, ein kurzes Nachfragen stattgefunden hat. Das RT spricht in fragender und konjunktivischer Form, sodass mehrere Perspektiven nebeneinander stehen bleiben. Nun werden wieder die Positionen/Plätze/ Räume getauscht und das therapeutische System spricht über seine Gedanken und Gefühle also seine Inneren Persönlichkeitsaspekten zu den gehörten Reflexionen. Dies ist dann der Dialog über den Dialog (des RT) über den Dialog (des TS) (vgl. Andersen 1996, Titel). Die Interviewer*in stellt lediglich Fragen und stellt auch ihre Eindrücke in Frageform oder konjunktivisch dar.

Für eine erste Einführung in das RT soll diese Beschreibung der Struktur bis hierhin genügen, denn ich sehe die große Bedeutung des RT eher in der Idee, der Theorie und nicht im Setting (vgl. Hargens 1998). Auch Andersen selbst schien sich immer vehement dagegen zu wehren, wenn das RT als Technik bezeichnet wurde, und er selbst sprach lieber von einer ‚Art des Denkens' (vgl. die ähnliche Entwicklung bei Rogers, siehe 4.3).

Grundlegende Hintergründe, Leitideen, ‚Richtlinien' und Einstellungen werden in den folgenden Unterkapiteln – im jeweiligen Kontext – expliziert. Im Sinne eines zeitlichen Kontextes spule ich nun etwas zurück und werde im folgenden Kapitel den grundlegenden Kontext der Entstehung, die Entstehungsgeschichte des RT ‚beleuchten'.

5.2.4 Über die Entstehungsgeschichte des RT

Der zeitliche Kontext ist das Jahr 1974, in dem Andersen und sein Team sich auf die Suche nach neuen Denk- und Arbeitsweisen machten. Ihre entscheidenden Anregungen bekamen sie vor allem von Haley (1978), Minucchin (1983) und Watzlawick (1988[2], 1996, 1997, 1998, 1999). Der Versuch der Umsetzung dieser Ideen schien allerdings eher schlecht als recht zu funktionieren. Wahrscheinlich entsprachen die Veränderungen eher von außerhalb instruierten Veränderungen, also einer eher extrinsischen und nicht intrinsischen Motivation, eher zu ungewöhnlichen Anregungen sowie zu ‚leisen' Stimme, die von anderen, etablierten Stimmen im Inneren Dialog ‚übergangen' wurden.

Ab 1978 war Andersen dann Professor für Sozialpsychologie an der Universität Tromsø und errichtete eine ‚formale' Gruppe von sieben Fachleuten, die als gemeinsame Gruppe eine zweijährige Ausbildung in systemischer Familientherapie absolvierten.

Aufgrund dieses Hintergrundes versuchte Andersen nun mit seinem Team die Idee umzusetzen, die psychiatrischen Diensten von stationärer und zentraler zu ambulanten und wohnortnahen zu verändern. Das Setting, also welche Patient*in für wie lange und wer bei der Konsultation dabei ist, entschieden die Vertreter*innen der 1. Instanz.

Die Konsequenz dieser neuen Arbeitsweise war eine reduzierte Einweisungsrate um 40%. In unserer Analyse können wir nun davon ausgehen, dass aufgrund Innerer Gruppendynamiken die Anregungen wirklich integriert und nun einer intrinsischen Motivation entsprechen, also in Andersens Sprache ‚angemessen ungewöhnliche' Anregungen sind. Etablierte Psychiater*innen reagierten jedoch reserviert. Die neue Arbeitsweise war für sie zu ungewöhnlich bzw. von außen oktroyiert. Die Ablehnung ging sogar soweit, dass die Mittel gestrichen wurden und das Projekt aufgegeben werden musste. Hierdurch spürte das Team um Andersen, dass systemisches Denken auch einen jeden selbst und die Beziehungen zu anderen miteinschließt. Es fand keine ausreichende Kommunikation, kein Austausch auch aller zweifelnden Stimmen zwischen Andersen und Team und den Psychiater*innen statt.

Eben dies war meines Erachtens eine wichtige Erfahrung für die Weiterentwicklung des Teams um Andersen. Eine Erfahrung, welche die Wichtigkeit der Beziehung, der Gleichberechtigung aller Beteiligten als auch die

Wichtigkeit von Transparenz verdeutlicht. Der Prozess der Begegnungen war nicht offen und das Ziel nicht von allen als solches erklärt bzw. erkannt. Die Erkenntnis, die sich im (Inneren) Team verbreitete, war: Neue Ideen wachsen widerwillig, wenn sie einem System von außen aufgedrängt werden. „Eine Person hört erst dann auf reaktiv und im Hinblick auf einen wünschenswerten Handlungsverlauf widerspenstig zu sein, wenn sie selbst mitgewirkt hat, diesen Verlauf als wünschenswert zu erklären" (Allport, zit. nach Gordon 1981, 297).

So musste nach neuen Wegen gesucht werden.

Hilfreich waren hierbei vor allem die Ideen des Mailänder Teams (Selvini Palazzoli, Boscolo, Cecchin, Prata 1981), die ebendiese Erkenntnis berücksichtigten, und einen Fokus auf den laufenden Interview-Prozess und nicht auf Interventionen legten. Der Kontext änderte sich in den folgenden Jahren in erster Linie dadurch, dass Andersen und sein Team begannen, Seminare, Workshops und Fortbildungen anzubieten, bei denen viele Praktiker*innen teilnahmen und die Ideen von systemisch Denkenden und Handelnden mit neuen und interessanten Ideen von Zusammen- bzw. Teamarbeit kennen lernten. Auch hier war es im zweiten Versuch eher ein sanfter, aber entscheidender Anstoß von ‚außen', der Veränderung in Gang setzte und die etablierten Strukturen ‚verstörte'.

Die Liebenswürdigkeit und die Bedeutung der Befragungen (und nicht der Interventionen) faszinierten – nach eigenen Angaben (Andersen) – am meisten. Interventionen wurden immer mehr in Frage gestellt. Und doch wurde das Team um Andersen immer unzufriedener in ihrer Arbeit in Anlehnung an das herkömmliche Mailänder Modell, vor allem da die Ideen und Anregungen aus dem Team selten von der Interviewer*in übermittelt wurden – weder in Interventionen, noch in Fragen.

Hier scheint ein umgekehrter Veränderungsprozess vorzuliegen. Das gelernte Modell (das Mailänder Modell) schien erst zu begeistern – wurde übernommen (quasi als instruktive Interaktion aufgenommen), schien dann aber immer mehr unzufrieden zu machen. Ganz nach Andersens Theorie scheint hier durch die instruktive Interaktion das eigene Handlungsrepertoire – und damit auch entsprechende Aspekte des Erkennens und Wahrnehmens – eingeschränkt worden zu sein. Treten im weiteren, zeitlichen Verlauf nun neue, etwas abweichende Situationen auf, macht sich das eingeschränkte Repertoire in erneuter Unzufriedenheit bemerkbar. Verstärkt wird die langfristige Wirkung auch von mehr oder weniger direkten (meist un- bzw. vorbewussten) Auferlegungen oder Nahelegungen von außen – in diesem Falle der Mailänder Gruppe.

Ein weiterer Aspekt ist meines Erachtens, dass im ursprünglichen Mailänder Ansatz die beiden Systeme in keinem direkten Kontakt, also nicht in direkter Kommunikation zueinander stehen. Als eine gedankliche Analogie sehe ich hier die Tatsache, dass in fast allen Therapieschulen zwar Persönlichkeitsaspekte beschrieben und mit ihnen gearbeitet werden, jedoch nicht deren Kommunikation betrachtet wird. Das hat meines Erachtens zur Folge, dass die Persönlichkeitsanteile oder aber nach dem Mailänder Modell die Interviewer*in doch zu sehr in ihrem Denken und Fühlen verhaftet bleibt.

Zusätzlich entstand eine Konkurrenz um gute Ideen und Interventionen, und jedes Teammitglied neigte dazu, für seine Interventionen zu kämpfen und nur diese für richtig zu halten. Genau dieses Phänomen ist auch in Inneren Teams zu beobachten. Auch hier versteifen sich einzelne Persönlichkeitsaspekte auf ihre Deutung, auf ihre Interpretationen und Handlungsvorschläge.

Andersen schreibt, dass Ideen aus diesem Dilemma (der Unzufriedenheit aufgrund der zu wenigen Beachtung der Ideen des Therapeut*innenteams) herauszukommen zwar existierten, aber nicht in die Tat umgesetzt wurden – und zwar aufgrund fehlenden Mutes.

Entsprechend der Idee des RT, dass es keine instruktive Interaktion (vgl. Maturana 1982) gibt, und kleine ‚angemessen ungewöhnliche' Anstöße von außen neue Ideen und Bedeutungen, also Erkenntnisse verursachen, ist es sehr passend, dass es ein technischer Fehler, also ein kleiner, aber entscheidender Anstoß von ‚Außen' war, der die Idee des RT entstehen ließ. Im März 1985 kam es zu einer an sich typischen, aber damals wenig beachteten Ähnlichkeit von ratsuchendem und helfendem Team. Das festgefahrene System (Andersen) hatte es geschafft, auch das Therapeut*innen-Team sich fest fahren zu lassen. Während eines Therapieverlaufs gelang es dem Interviewer nicht, auf die Ideen und Anregungen des Teams hinter der Einwegscheibe einzugehen, da er immer wieder in die negative und pessimistische Stimmung der Familie mit hineingezogen wurde. In dieser verfahrenen Situation entdeckte jemand, dass ein Mikrofon im Zimmer des Therapeut*innenteams mit einem Lautsprecher des anderen Raumes verbunden war und so kam die Idee auf, die Familie und den Therapeuten an dem Gespräch des Reflektieren Teams als stiller Beobachter (wie sonst andersherum) teilnehmen zu lassen. Die Familie und ihr Therapeut wurden um ihr Einverständnis befragt und da diese einwilligten, begann eine belebende, auf- und angeregte, sogar optimistische Kommunikation und Stimmung. Die Idee des Reflektierenden Teams war geboren.

An dieser Stelle wird die Analogie zum Inneren Team deutlich. Im Inneren Dialog haben immer alle Persönlichkeitsaspekte die Möglichkeit, stille Beobachter*innen zu sein, d.h. vor keinem Persönlichkeitsanteil kann von einem anderen etwas verheimlicht werden.

Für Andersen und sein Team wurde eine entscheidende Veränderung deutlich: Die Beziehung zu den Ratsuchenden Systemen wurde wesentlich besser. Befreiend schien auch und vor allem zu sein, dass nun die Verantwortung wieder mehr beim hilfesuchenden System lag.

Interessant innerhalb eines zeitlichen Kontextes ist meines Erachtens die Wechselwirkung von Ideen – Unzufriedensein – keinen Mut haben (das Mailänder-Modell war ja sozusagen eine Instruktion von außen) – ‚zufällige' Begebenheit – Intuition/Mut/Handeln – Zufriedensein – ‚mehr desselben' (vgl. zum Beispiel Mücke 1998) – Unzufriedensein – …

5.2.5 Über den theoretischen Hintergrund

Ich werde dieses Kapitel relativ kurzhalten, da ich erstens eben hier am deutlichsten Gefahr laufe, Andersens Verstehen (von anderen Autor*innen) nicht exakt verstanden zu haben, und dann eine unzulängliche Beschreibung des theoretischen Hintergrundes des RT darzulegen und ich zweitens an anderer Stelle (vgl. DRITTER TEIL) den theoretischen Hintergrund dieser Arbeit, der in weiten Teilen mit dem Hintergrund des RT übereinstimmt, erörtert habe.

An dieser Stelle werde ich mich lediglich auf Bateson und Maturana – als Andersens auffälligste Ideenspender – beziehen:

Batesons Idee und sein berühmter Aphorismus ‚Unterschiede, die einen Unterschied machen', bewirkten einen Unterschied, der einen Unterschied machte in den Ideen und Gedanken Andersens. Hintergrund dieser ‚Beschreibung' ist, dass wir immer Dinge als etwas von ihrem Hintergrund Verschiedenes sehen. Sich ein Bild von einer Situation zu machen heißt, Unterscheidungen in der Wahrnehmung vorzunehmen. Andersen: „Anders gesagt, es gibt immer mehr zu sehen, als man sieht" (1996, 31). Das beinhaltet aber auch, dass es nicht die eine Sichtweise gibt, kein ‚richtig' oder ‚falsch', und somit keine fruchtlosen Diskussionen entstehen, wer sich richtig erinnert oder wer, was, wie sieht. Vielmehr entsteht Neugier und Faszination über Vielfalt. Ziel als auch Mittel der Arbeit mit dem Inneren Team ist Neugier und Faszination ‚sich selbst gegenüber'.

Diese Unterschiede sind – nach Bateson – die elementarste Informationseinheit. Es gibt zwei Arten von Unterschieden: Den im Unterschied zum Hintergrund und einen Unterschied in der Zeit, eine Veränderung; hierauf werde ich im folgenden Kapitel näher zu sprechen kommen. Maturana und Varela gehen davon aus, dass ein Individuum stark strukturdeterminiert ist, dennoch verändert sich seine Struktur fortlaufend. Die grundlegende Funktion bleibt aufrechterhalten und passt sich der unmittelbaren Umgebung an. Die Umgebung wiederum hat die Tendenz, sich mit zu verändern.

Ebenso wie andere Persönlichkeitsanteile, also die Umgebung einzelner Persönlichkeitsanteile, haben sie die Tendenz, sich mit zu verändern. Verändert sich eine ‚Rolle' innerhalb einer Gruppendynamik, verändern sich unweigerlich auch andere Rollen.

Der Mensch ist autonom und interdependent (wie es Ruth Cohn (1979) formuliert hat). Doch der Mensch kann immer nur der sein, der er ist. Aber seine Struktur, im Sinne des Untersuchungsgegenstandes dieser Arbeit sein Inneres Team, kann sich verändern. Diese Veränderungen vollziehen sich nach Maturana und Varela nach folgender Struktur: wahrnehmen – erkennen – handeln.

Diese ‚Trilogie' richtet sich in zweifacher Weise: Nach der Wahrung der Integrität und an der Teilnahme (an der Wechselwirkung) mit der Umwelt. Erkenne ich eine angemessen ungewöhnliche Information, kann sie als Erweiterung meines Beschreibungs-, Erklärungs- oder Handlungsrepertoires angesehen werden.

Abschließend zu diesem TEIL möchte ich auf etwas hinweisen, dass bis hierher nur impliziert war und dass auch bei Andersen nicht expliziert wird: Die Ideen des RT entsprechen generell denen einer Kybernetik 2. Ordnung, also Theorien über Beobachter*innen, die ein System beobachten, und nicht einer Kybernetik 1. Ordnung. Dies ist insofern wichtig, als dass das RT für Fragen oder Anmerkungen im Rahmen, in der Denkstruktur einer Kybernetik erster Ordnung nur verwirrende und nicht befriedigende Antworten geben kann.

Nach von Schlippe/Schweitzer ist Andersen mit seinem Konzept einer der bedeutendsten Vertreter der systemischen Therapeuten, die sich an dem Konzept der Kybernetik der zweiten Ordnung orientieren (vgl. von Schlippe/Schweitzer 2013, 63). Meines Erachtens ist Andersen in dieser Hinsicht der Konsequenteste.

5.2.6 ‚Angemessen ungewöhnlich'

Auch wenn Andersen Carls R. Rogers nicht als einen seiner Ideengeber nennt, so wird zum Beispiel bei folgender Passage eine gewisse inhaltliche Ähnlichkeit zu Andersens Beschreibung ‚angemessen ungewöhnlich' deutlich:

> Obwohl dieser Prozess der angemessen symbolisierten Bewusstmachung von Erfahrung von verschiedenen therapeutischen Orientierungen als wichtiges und grundlegendes Element der Therapie anerkannt wird, ist er bislang noch nicht objektiv untersucht worden. Von einem beschreibenden klinischen Standpunkt aus können wir jedoch sagen, dass eine erfolgreiche Therapie die Bewusstmachung – auf *angemessen differenzierte* und genau symbolisierte Weise – jener Erfahrung und Gefühle mit

sich bringt, die augenblicklich im Widerspruch zu der Vorstellung des Klienten von seinem Selbst stehen. (Rogers 2000, 145 - Herv. D.R.)

In Anlehnung an Bateson und seine beiden Arten von Unterschieden sieht Andersen drei Arten von Unterschieden, ungewöhnliche, gewöhnliche und eben angemessen unterschiedliche, der einzige, der nach Andersen wirklich einen Unterschied macht. Übersetzt in eine für Klient*innen verständliche Alltagssprache sprach Andersen dann von ‚angemessen ungewöhnlich'.

An dieser Stelle möchte ich erneut einer Inneren Stimme der ‚kritischen Würdigung' Raum geben: Auch hier sehe ich eine Parallele/einen Vergleich zu der Theorie eines Vordenkers Andersens: Schon Jean Piaget (1974) sprach von Assimilation, wenn Anregungen zu gewöhnlich sind und vor allem wenn sie zu ungewöhnlich sind, dann werden sie so gesehen (modifiziert oder transformiert), dass sie in das vorhandene Schema passen, und eben der Akkommodation, der angemessen ungewöhnlichen Information, welche die vorhandenen Schemata, kognitiven Strukturen oder Muster verändern bzw. erweitern.

Therapeutische Interaktionen müssen demnach im systemischen Sinne ‚verstören', dürfen aber nicht zu stark von dem Bekannten abweichen, da Menschen dann die Tendenz haben, sich zu ‚verschließen'. Das Neue muss die Integrität wahren (vgl. Andersen 1996, 43).

5.2.7 Vom Körper lernen

Andersen lernte von der Physiotherapeutin Bülow-Hansen die Sprache des Körpers (wie interessanterweise Ruth Cohn ebenso entscheidende Impulse und Ideen einer Physiotherapeutin, nämlich Elsa Gindler verdankte). Bülow-Hansen konzentrierte sich immer auf den Atem der Patient*innen und sah diesen in untrennbarer Wechselbeziehung zu allen Körperbewegungen. Gebeugte Muskeln verringern die Einatmung.

Der wohldosierte Druck von Händen auf gebeugte Muskel lässt die Patient*innen wieder auf- bzw. einatmen. Der Druck darf aber nicht zu stark sein, dann stockt die Atmung erneut. Die Arbeit am Körper muss angemessen ungewöhnlich sein.

Andersen lernte durch Bülow-Hansen auch, in Beratungssituationen auf den Körper seiner Klient*innen zu achten, ihn zu ‚lesen' (und das ist meines Wissens nach sehr außergewöhnlich für systemische Therapeut*innen). Er hielt es für wichtig, durch Fragen herauszufinden, welche Person die skeptischste des ratsuchenden Systems sei, um diese dann gezielt zu beobachten, um dann nämlich anhand der Körperreaktionen (gebeugte Muskeln) zu erkennen, ob seine Anregungen/Fragen zu gewöhnlich oder zu ungewöhnlich sind. Für die Arbeit mit dem Inneren Team ist dies insofern interessant, als dass Körperreaktionen letztlich auch Innere Stimmen sind, die Bedürfnisse ‚äußern'.

Von Schlippe bezeichnete Andersens Arbeit als 'gewaltfreien Umgang mit dem Körper' (vgl. Hargens/von Schlippe 1998, 231), gewaltfrei verstehe ich hier im Sinne von ‚ihm keinen Schaden' zufügen, aber auch, auf ihn ‚hören', seine Informationen wahrnehmen und darauf eingehen, ihn (den Körper) als eine Innere Stimme – oder besser noch als mehrere –Innere Stimmen wahrzunehmen und diese ins Innere Reflektierende Team zu integrieren. Andersen selbst schreibt an einer Stelle über die Signale des Körpers: „Der Körper hat eine Idee erfasst, der Geist noch nicht" (1996, 41).

5.2.8 Anbieten von Komplexität

Innerhalb der Reflexionsphase des Reflektierenden Teams sollte eine aktiv aufrechterhaltende Vielfalt der Ideen, Erklärungen und ‚Geschichten' dargestellt werden. Die Berater*innen/Therapeut*innen diskutieren nicht um ‚bessere' Beschreibungen oder Erklärungen; eher entspricht diese Phase einem freien Assoziieren (Bezug Psychoanalyse) aller bzw. aller Inneren Dialogteilnehmer*innen. Das ratsuchende System sucht sich Passendes aus.

Wenn wir (Andersen, die Leser*in und ich – als fiktiv-reflektierende Gruppe) dem Radikalen Konstruktivismus Glauben schenken, nämlich, dass es eine Unmöglichkeit menschlicher Erfahrungen ist, die (nicht bezweifelte) ontologische Realität abzubilden, dann gibt es immer und zwangsläufig verschiedene Wahrnehmungen, verschiedene Erklärungen und verschiedene Lösungsmöglichkeiten. Ziel des RT ist es dementsprechend, möglichst viele unterschiedliche Sichtweisen, Beschreibungen und Erklärungsmöglichkeiten anzubieten und diese gleichberechtigt nebeneinander stehen zu lassen. Eben dies ist auch Ziel der Arbeit mit dem Inneren Team.

Es gibt kein richtig oder falsch, sondern immer ein Sowohl-als-auch. Eine Erhöhung/Erweiterung der Sichtweisen, Erklärungen und Bedeutungen erhöht auch immer das Handlungsrepertoire, und ist damit erster Schritt in Richtung Veränderung – Veränderung im Sinne einer Veränderung ‚von innen' (Andersen), einer eigenen Entscheidung, welche der Handlungsmöglichkeiten als Lösungsversuch ausprobiert wird.

Schenkt die Leser*in jedoch nicht dem Radikalen Konstruktivismus Glauben, gilt es in jeder Beratung, die eine einzige, mögliche Erklärung plus die eine, einzige, mögliche Lösung zu finden. Verhaltenstherapeutische Orientierungen scheinen hieran zu glauben. Eine ausführliche Diskussion würde an dieser Stelle den Rahmen, den Kontext sprengen, und muss an anderer Stelle geführt werden.

Das RT – und das Reflektierende Innere Team – sollte immer einen Freiraum für einen Gedankenaustausch darstellen, in dem jeder das sagen kann, was er/sie sagen möchte. Das RT sollte durch seine Atmosphäre (und seine wenigen Regeln, s.w.u.) die Integrität jedes Einzelnen sicherstellen. Habe ich zum Beispiel im Sinne der Verhaltenstherapie bis jetzt etwas ‚falsch' oder ‚schlecht' gemacht, ist ebendiese Integrität nicht gewährleistet und aktive Kommunikationsbereitschaft genauso wie Kreativität und Phantasie werden nicht entstehen, da ich die ‚Patient*innen' in kindliche Rollen, in Abhängigkeit und Passivität dränge (dies betrifft meines Erachtens auch die Psychoanalyse (vgl. auch Rank (4.1) und seine Kritik an der Psychoanalyse).

Die Vielfalt der Ideen impliziert aber immer auch eine Offenheit für Widersprüche, ein ‚NEIN' ist grundlegend, wie Andersen schreibt (1996, 46).

Das ratsuchende System ‚muss' sozusagen auswählen, auf welche der Ideen es eingehen will, einige Ideen werden immer abgelehnt werden, so ist das ‚NEIN' auch immer Teil der Kommunikation.

Die Arbeit mit der Kommunikation, Organisation und Entwicklung von Persönlichkeitsanteilen ist immer ein ‚Anbieten von Komplexität' bzw. eine Vergrößerung der Komplexität, ganz im Sinne des systemischen Prinzips ‚den Möglichkeitsraum zu vergrößern' (vgl. 5.1.1). ‚NEIN'-Stimmen, also Stimmen, die Widerspruch anmelden, sind immer Teil des Inneren Dialoges. Das RT sowie die Arbeit mit dem Inneren Team erkennen Ambivalenz und Dialektik als menschliche Phänomene an.

Ich habe an dieser Stelle bewusst zwischen den verschiedenen Therapie-Schulen polarisiert, wohlwissend, dass ich hiermit nur ‚eine Seite der Medaille' betrachte. Da diese Arbeit im Ganzen jedoch eher die depolarisierende Seite (im Sinne einer Synthese) hervorhebt, gab es einen Inneren Dialogteilnehmer in mir, der (pointiert) das Trennende beschreiben wollte. Und es gibt eine ‚Gegenstimme', die wieder ‚schlichten' will, denn ‚die Verhaltenstherapeut*in' oder ‚die Psychoanalytiker*in' sozusagen in ‚Reinkultur' gibt es nicht mehr. Viele Ausbildungen nehmen zumindest im methodischen Vorgehen Anleihen aus anderen ‚Therapie-Schulen'.[48]

… die Arbeit mit dem Inneren Team z.B. könnte ein solches verbindendes methodisches Vorgehen – wenn nicht sogar eine verbindende Persönlichkeitstheorie – sein.

48 So wurden z.B. auch in meiner humanistisch-therapeutischen Ausbildung Anleihen aus systemischen und analytischen Vorgehensweisen gemacht; exemplarisch ist auch die „dritte Welle der Verhaltenstherapie" (Heidenreich/Michalak 2013) zu nennen.

5.2.9 Über Sprache

Andersen sieht den Akt der Kommunikation, des Ausdrucks, gleichzeitig als den Akt, sich selbst zu schaffen. Mit der Ergänzung der Körpersprache und den erwähnten Gedanken über die Körperlichkeit, ist in der Regel das Sprechen Ausdruck unserer selbst. ‚Was hat er wirklich gesagt?' ist nach Andersen die entscheidende Frage und Fokus der Aufmerksamkeit; eben nicht – wie in vielen anderen Therapieschulen: ‚Was hat er wirklich gemeint?' (vgl. Andersen 1996, 47).

Das Problem der Sprache ist, dass sie nur beschreiben kann. Jedes Wort, jeder Begriff hat für unterschiedliche Menschen unterschiedliche Bedeutungen, die hinter den Beschreibungen verborgen sind. Andersen unterscheidet zwischen Ideen, die eine Art Schimmer oder Ahnung sind, Beschreibungen, die er als klareres Bild einer Idee auffasst, einem sich bewegenden Bild. Eine Erklärung wird als das verstanden, das Auskunft darüber gibt, wie ein Bild verstanden werden kann; und eine ‚Bedeutung' umfasst Beschreibungen und Erklärungen und beinhaltet gleichzeitig das, was diese für jemanden bedeuten, welche Erinnerungen, Gedanken und Gefühle sozusagen mitschwingen (vgl. ebd., 38). Verstehen ist, dem Gesagten, dem Gesehenen oder dem Geschriebenen eine Bedeutung zu geben. Diese ist immer individuell.

Die Definitionen definieren gleichzeitig die Arbeit mit dem Inneren Team:

In der Reflexion anhand des Inneren Teams sind Innere Stimmen oft erst Ideen, dann Beschreibungen; diese Inneren, inzwischen identifizierten Dialogteilnehmer*innen oder das Selbst geben gegebenenfalls Erklärungen und Bedeutungen ab, wie die Ideen und Beschreibungen verstanden werden können.

Für die interpersonale Kommunikation in therapeutischen Interviews geht Andersen sogar soweit, die aktuelle Konversation ‚zum Kern der Arbeit' werden zu lassen und nicht Muster, Strukturen oder Verhalten. Es sei hilfreicher, das Interview auf die Epistemologie der Sprache und deren Bedeutung zu richten (vgl. Andersen 1998[2], 25). Ganz im Sinne Wittgensteins: „Die Grenzen meiner Sprache bedeuten die Grenzen meiner Welt" (1983, 89). Unsere erzählenden Beschreibungen sind unser Verständnis des Menschen – des individuellen ebenso wie des Menschen im Allgemeinen (eines Menschenbildes).

Die Sprache der Klient*innen sollte immer Anknüpfungspunkt sein. Die Sprache der Inneren Dialogteilnehmer*innen *ist* immer Anknüpfungspunkt. Letztlich ist der Fokus der Arbeit mit dem Inneren Team die Sprache.

Der aktuell stattfindende Prozess zwischen dem therapeutischen und dem beobachtenden Team, also der Prozess, an dem wir im Gespräch mit

Sprache gemeinsam mit anderen Menschen sowie mit Inneren Dialogteilnehmer*innen teilnehmen, wird innerhalb der Arbeit mit dem RT und der Arbeit mit dem Inneren Team die größte Bedeutung geschenkt. Dies entspricht einer grundlegenden Forderung aus der humanistischen Psychologie und hier vor allem der Gestalttherapie von Perls – der Konzentration auf das Hier-und-Jetzt.

5.2.10 Authentizität und positive Konnotationen

Andersen fordert eine ‚Transparenz des Geschehens und der Gedanken'; das RT soll ein Freiraum für einen offenen Gedankenaustausch sein. Er stellt es jedoch als eine offengebliebene Frage dar, ob das RT auch seine Gefühle reflektierend zeigen sollte. Er weist auf den doppelten Kontext dieser Gefühle hin, indem er den Dialog des Interview-Systems als Kontext, aber eben auch den Kontext des eigenen Lebens nennt.

Ich denke, es ist unumstritten, dass in therapeutischen genauso wie in pädagogischen Situationen Übertragungs- und Gegenübertragungsphänomene von großer Bedeutung sind. Es ist Aufgabe der Therapeut*in oder Pädagog*in, sich diesen bewusst zu werden. Hierzu kann die Arbeit mit dem Innere Team im Sinne einer Reflexionsmethode durchgeführt werden. Insofern sollte der Kontext des eigenen Lebens so unbedeutend wie möglich sein und nicht quasi als ‚Ausrede', den wichtigen Informationsgehalt sowie wichtigen Bestandteil der Beziehung zwischen Therapeut*in und Klient*in oder Pädagog*in und Kind gering schätzen. Im Sinne wirklicher Transparenz und Authentizität auch im Sinne von Partnerschaftlichkeit halte ich das Ausleben und/oder Benennen von Gefühlen sowohl für alle Beteiligten in inter- sowie intrapersonaler Kommunikation für fruchtbar, ehrlich, offen und angemessen. Das Zeigen eigener Gefühle entspricht eher dem humanistischen Denken als dem systemischen. An dieser Stelle wird deutlich, dass Andersen systemisch ‚sozialisiert' ist. Ich selbst halte hier eine Kombination bzw. Anleihe aus der humanistischen Therapie für sehr sinnvoll.

Dadurch, dass das RT im Beisein des hilfesuchenden Systems über den Dialog reflektiert, ist ein uneingeschränktes positives Konnotieren oder besser: Wertschätzen unumgänglich[49]. Dies hat auch zur Folge, dass die Berater*in eher den Anderen in seinem So-sein lassen kann, d.h. negative Konnotationen oder allgemeiner: abwertenden, negativen Sprachgebrauch impliziert, dass ‚eigentlich' oder ‚besser' etwas anders sein sollte. Das wiederum impliziert eine instruktive Interaktion von außen. Ich stimme mit An-

49 Es sei denn, man ist Anhänger der Provokativen Therapie (Farelly/Brandsma 1986).

dersen überein, in der Aussage, dass die Person, die eine solche Sprache empfängt, hierdurch maßgeblich in ihren eigenen Beschreibungen und Erklärungen beeinflusst wird (wenn sie angemessen ungewöhnlich sind), sehe aber auch einen vielleicht nicht weniger maßgeblichen Einfluss auf den/die Sprechende*n, den/die ‚Konnotierende*n' selbst.[50]

5.3 Genogramm der Gedanken (McGoldrick/Gerson)

Jede Familie ist ein langfristig nicht sanierungsfähiges Unternehmen.
(Arnold Retzer – zit. nach Mücke 1998, 171)

Das Genogramm beruht in erster Linie auf den Ideen und Arbeiten von Murray Bowen (1978). Bowen entwickelte es aufbauend auf die Hypothese, dass Familien dazu neigen, spezifische Muster und Themen zu wiederholen. Ein Genogramm ist die „Darstellung eines Familienstammbaums, der – über mindestens drei Generationen hinweg – die vielfältigsten Informationen über die Mitglieder einer Familie und ihre Beziehungen enthält" (McGoldrick/Gerson 1990, 1). Diese Informationen sind bio-psycho-soziale Ergänzungen bzw. Visualisierungen von z.B. psychischen und körperlichen Krankheiten, Süchten, Beziehungslinien, Wohnsituationen, Berufen, Tabus, Familiengeschichten/Mythen, Krisen etc. (vgl. Rohr et al. 2015, 56).

Genogramme spiegeln demnach eine historische Perspektive wider, die es ermöglicht, Vergangenheit, Gegenwart und Zukunft der Familie miteinander in Beziehung zu setzen und über den Grad ihrer Flexibilität und Anpassungsfähigkeit hypothetische Schlussfolgerungen zu ziehen. Sie sind ein praktisches Hilfsmittel, das über die Familientherapie und -beratung hinaus immer mehr an Bedeutung gewinnt. Genogramme dienen also der Hypothesenbildung und wertschätzenden Interpretation. Sie dienen dazu, menschliches Verhalten zu erklären, bzw. Erklärungsansätze zu (er-) finden. Innerhalb Innerer Teams können durch sie Hypothesen über die Hintergründe der Bedürfnisse einzelner Mitglieder erstellt werden oder aber neue Innere Teammitglieder ausfindig gemacht werden.

Welcher Gedanke hat einen Neuen hervorgebracht? Welche beiden Gedanken liieren sich? Wann haben sie sich liiert? In welcher Beziehung ste-

50 Zur Vertiefung von Theorie und Praxis des Reflecting Teams siehe auch Kricke/Rohr/Schindler 2012.

hen zum Beispiel die Gedanken, die aus derselben Gedankenliaison hervorgekommen sind? Gedanken und Persönlichkeitsanteile stehen in Beziehungen zueinander. Ob sie in weitestem Sinne auch in verwandtschaftlicher Beziehung zueinander stehen, gilt es zu überprüfen: Das ‚Genogramm der Gedanken' ist eine spielerische Form der Arbeit mit dem Inneren Team. Ob die untenstehenden Fragen, die bei der Arbeit mit Genogrammen gestellt werden, innerhalb des Inneren Teams für neue Erkenntnisse sorgen, muss im Einzelfall entschieden werden. In meiner Praxis habe ich sowohl Erfolg als auch ‚Misserfolg' erlebt. Innerhalb dieser Beratungssituationen hat sich jedoch immer als ein sehr positives, überraschendes Moment herausgestellt, die entwickelten Verwandtschaftsverhältnisse der Gedanken radikal in Frage zu stellen oder gar umzudrehen: „Kann es sein, dass der Impuls ‚Ich habe das nicht gelernt' eben nicht der Vater des Impulses ‚Ich kann das nicht' ist, sondern andersherum? ‚Ich kann das nicht' im Sinne von ‚Ich darf das nicht können' und ‚Ich darf nicht glücklicher/erfolgreicher … als meine Eltern sein' als Vater des Gedankens ‚Ich habe das nicht gelernt'. Beweglichkeit der Gedanken, das Spiel mit den Gedanken – auch das Spiel mit Ursache-und-Wirkung-Relationen, angemessen ungewöhnliche Gedanken und Assoziationen wagen und Vergleiche stellen, können Motivation und Ergebnis des ‚Genogramms der Gedanken' sein.

Und neben dem kann das Genogramm – im gleichen Sinne wie das intrapersonale Familienaufstellen – unterschiedliche Persönlichkeitsanteile aktivieren: So wird die Beschäftigung mit einem Genogramm möglicherweise ‚schlafende Innere Löwen wecken', die bis zu diesem Zeitpunkt unbekannt, jedoch immer wieder Beteiligte von Inneren Konflikten waren.

Innerhalb meiner eigenen ‚Berater-Entwicklung' habe ich immer mehr auch die Bedeutung der familiären Strukturen und Vermächtnisse gesehen. So habe ich in etlichen Therapien das Genogramm, durch das die Klient*in sich selbst besser verstehen lernt, als sehr hilfreich erlebt. Gerade in der letzten Zeit habe ich durch das Forschungsprojekt „InGeno" ein vertieftes Verständnis bekommen. Durch 19 Experteninterviews haben wir einen guten, interpersonalen Einblick in die Arbeit mit Genogrammen gewinnen können. Auf dieser Basis entwickeln wir eine Software, die die Arbeit mit Genogrammen vereinfachen soll (Rohr et al. 2015, 56).

Denn es ist eine faszinierende Möglichkeit, sich selbst und seine Familienposition und -situation, als auch die der anderen auf eine neue Art und Weise wahrzunehmen. Außerdem sind sie für die Berater*in oder Therapeut*in eine Möglichkeit, Zugang zu der Familie und Verständnis und Empathie für die Klient*in oder für das Klient*innensystem zu entwickeln. In der Arbeit mit dem Inneren Team kann es nun sehr interessant sein, zu schauen, welche Persönlichkeitsanteile sich zu Wort melden, wenn man die einzelnen Familienmitglieder (im Genogramm) nacheinander betrachtet.

Genogramme weisen mitunter sehr komplexe Strukturen auf. Dennoch sind sie eine übersichtliche, graphische Darstellung der Familienstruktur, in der alle kritischen Ereignisse innerhalb der Familiengeschichte berücksichtigt werden.

> So wie Sprache unsere Denkprozesse anspornt und organisiert, können Familiendiagramme, die Beziehungen und Funktionsmuster verzeichnen, die systemische Verbindung zwischen Ereignissen und Beziehungen in Lebensgeschichten einerseits und Mustern von Gesundheit und Krankheit andererseits deutlich machen. (McGoldrick/Gerson 1990, 2)

Die Art der Informationsbeschaffung erfolgt in der Regel anhand eines Interviews, das in den ersten Sitzungen mit der Klient*in oder dem Klient*innensystem durchgeführt wird. Innerhalb der Arbeit mit dem Inneren Team kann man auf die Fragen zurückgreifen. Hierbei sollten alle Inneren Stimmen aufgeschrieben und benannt werden.[51]

5.4 Kurztherapie durch die Arbeit mit dem Inneren Team (De Shazer)

Steve De Shazer hat seine Therapien nach durchschnittlich fünf Sitzungen beendet (vgl. 1997, 14). Er ist der Vater der Kurztherapien. „Damit die Lösung rasch auftaucht, empfiehlt es sich, die ‚Vision' oder Schilderung einer erfreulicheren Zukunft zu entwerfen, die sich dann sozusagen in der Gegenwart breit machen kann" (De Shazer 1997,13). Hier wird eine Parallele zu Jean-Paul Sartre deutlich, nach dem sich die Bedeutung der Vergangenheit aus dem Entwurf der Zukunft in der Gegenwart ergibt. Die Frage nach Visionen kann auch in der Arbeit mit dem Inneren Team von großer Bedeutung sein. Der Zugang zu den Konstruktionen bzw. Inneren Dialogen der Klient*in ist auch nach De Shazer über deren Bedürfnisse möglich: „Das, was der Klient mitbringt, nutzen, um seine Bedürfnisse in der Weise zu erfüllen, dass er sein Leben zu seiner Zufriedenheit gestalten kann" (1997, 22).

Das vermeintliche Symptom wird in etwas Sinnvolles und Brauchbares umgewandelt. De Shazer geht also über die ‚positive Konnotation' hinaus. In seiner therapeutischen Praxis wurde ihm auch immer deutlicher, dass dies auch auf den psychoanalytischen Begriff des Widerstandes zutraf. Es

51 Zur Vertiefung siehe z.B. Rohr et al. 2015.

„festigte sich meine Überzeugung, dass die Klienten sich wirklich ändern wollten“ (ebd., 34).[52]

Im Modell des Inneren Teams sind es je eine Koalition von Persönlichkeitsanteilen, die sich ändern will und eine andere, die sich nicht ändern will.

„Der Praktiker der Kurztherapie betrachtet *das Problem* als den ‚Patienten'. Das ist der wesentliche Unterschied zwischen der Kurztherapie und anderen Therapieformen, den ‚Patienten' in einer Person – bzw. in mehreren Personen – sehen“ (ebd., 37).

Innerhalb der Arbeit mit dem Inneren Team wird auch ‚das Problem' in den Fokus genommen. ‚Das Problem' wird jedoch differenziert gesehen als ‚Problem der Beziehung von Persönlichkeitsanteilen‘ zu einem vermeintlich ungeliebten, vielleicht bislang ungekannten Persönlichkeitsanteil.

De Shazer arbeitete wann immer es ging in einem Team. „Wenn einer Gruppe ihre eigene Zukunft ‚am Herzen liegt', dann kommt Kooperation zustande, und die Gruppe entwickelt sich zum Team“ (ebd., 41). Eben dies ist letztendlich auch eine Beschreibung, die für die Gruppe der Persönlichkeitsanteile bzw. der Inneren Stimmen zutrifft. De Shazer machte die Erfahrung, dass zwei Sichtweisen eine Bereicherung waren, „zumal in Gedanken an die ‚polyokulare Betrachtungsweise‘, die De Shazer – in der Nachfolge Batesons – ja selbst empfiehlt: Wenn zwei miteinander in Zusammenhang stehende, aber verschiedene Ansichten bezüglich einer bestimmten Sache existieren, dann kann sich dies im Sinne eines ‚Bonus' auf die Situation auswirken, sofern es gelingt, die Falle der Frage nach der ‚richtigen' Ansicht zu umgehen.“ (Weakland 1997, 22).

De Shazer und sein Team am „Brief Family Therapy Center“ in Milwaukee arbeiteten mit Einwegscheibe und Unterbrechungen, in denen die Therapeut*in Ideen und Interventionen mit dem beobachteten Team abspricht. In diesem Punkt halte ich sowohl aus den in Kapitel 5.2 (Das Reflektierende Team) genannten Gründen als auch aus der eigenen therapeutischen Erfahrung heraus die Absprache der Therapeut*innen in *Anwesenheit* des hilfesuchenden Systems für wesentlich effektiver. Die Anwesenheit aller Beteiligten ist auch ein Kriterium der Arbeit mit dem Inneren Team.

Wie viele andere systemischen Therapeut*innen gab De Shazer Schlussinterventionen: “Am Ende einer Sitzung erteilten wir in der Regel eine Art Hausaufgabe” (ebd., 42). Hier wird eine Parallele zu verhaltenstherapeutischen Interventionen – als auch zur Arbeit mit dem Inneren Team – deutlich.

---

52 vgl. Rank (4.2).

De Shazer formulierte für seine Arbeit Leitlinien, die „dem Therapeuten die Konzentration auf solche Aspekte der Situation erleichtern, an denen sich das Problem sogleich darstellen lässt und die als Ansatzpunkte eine Passgenauigkeit des Vorgehens ‚versprechen' (De Shazer 1997, 213). Ich werde im Folgenden vier Leitlinien oder Prinzipien erläutern bzw. direkt auf das Innere Team übertragen:

5.4.1 Frühere Erfolge einzelner Persönlichkeitsanteile

Auch innerhalb des – in der Problemsituation aktiven – Inneren Teams kann es sehr effektiv sein, sich an frühere Erfolge einzelner Persönlichkeitsanteile im Detail zu erinnern. Die konstruktive Rolle des nun ‚ungeliebtem' Teils sollte man sich hierbei vergegenwärtigen. Wie De Shazer schreibt, kann es jedoch nicht darum gehen, „zu versuchen, gemeinsam mit dem Klienten eine Version der Realität zu formulieren, in der A und B ‚gleich' sind" (ebd., 214). In der Regel ist es ausreichend, die Klient*in bzw. den Persönlichkeitsteil für die früheren Erfolge ausdrücklich zu loben und eine Verbindung nur indirekt herzustellen. Dies möchte ich an einem Beispiel verdeutlichen: Die Klientin beklagte eine Entscheidungsunfähigkeit bzw. eine ‚als unlösbar erlebte' Ambivalenz, einen ‚heftigen' Inneren Dialog. Im Verlauf der Therapie sprach sie davon, dass sie eine trockene Alkoholikerin sei.

In der Arbeit mit dem Inneren Team beglückwünscht die Begleiter*in diejenigen Teile, die sie dazu gebracht haben, das Trinken aufzugeben und ihrem Vorsatz treu zu bleiben – im Gegensatz zu vielen, vielleicht sogar den meisten anderen Leuten, die es in dieser Situation nicht geschafft hätten eben jenen Teilen zu folgen. Weiter lobt die Begleiter*in sie dafür, dass sie sich die Entscheidung nicht leicht mache, also heftige Innere Dialoge nicht voreilig beende; nicht Entscheidungen fälle, von denen sie – möglicherweise unbewusst – meine, sie würden nicht gut für sie sein; also Entscheidungen, die rebellierende Persönlichkeitsanteile hervorrufen würden.

Sie solle auch in Zukunft vor jeder Entscheidung in aller Ruhe ‚hin- und herüberlegen', ihr Inneres Team befragen – eine Reflexion anhand es Inneren Teams machen (vgl. De Shazer 1997, 215).

5.4.2 Ausnahmen von der Regel (Ausbleiben des Inneren Konfliktes)

Grundlegend ist die Tatsache, dass nichts immer dasselbe ist. ‚Frühere Erfolge' sind natürlich auch ‚Ausnahmen von der Regel'. Letztgenannte meinen jedoch ein Ausbleiben des ‚Problems', Ausbleiben des Inneren Konfliktes, in der konkreten, als problematisch empfundenen Situation.

Ziel ist es, sich dieser – oft unscheinbaren – Ausnahmen bewusst zu werden, sie evtl. als paradoxe Verschreibungen (vgl. Mücke 1998, 265f) nach Münzwurf entweder zu verbieten oder zu verpflichten.

Als Beispiel möchte ich hier eine Situation während meiner pädagogischen Tätigkeit in einer Kinder- und Jugendpsychiatrie beschreiben: Hanno, neun Jahre, hatte ‚Ausraster', die von der Anzahl, der Unberechenbarkeit und der Intensität im wahrsten Sinne des Wortes ‚unbeschreiblich' waren. Hanno wurde von *allen* Erziehern als ‚der schwierigste Fall' beschrieben. Er benötigte rund um die Uhr eine Einzelbetreuung; ein Schulbesuch (Einzelunterricht in der Schule für Kranke), gemeinsames Essen, gemeinsame Freizeitgestaltung waren nicht möglich. Und doch gab es Ausnahmen von der Regel: In einigen Situationen, in denen ein jüngeres Mädchen aus einer Nachbargruppe anwesend war, entstand (für einen kurzen Zeitraum, jedoch von mehr als ca. 10 Minuten) eine ‚entspannte' und ‚ruhige' Atmosphäre, Hanno zeigte sich interessiert und hilfsbereit; eine ‚gelingende interpersonale Kommunikation' entstand.

Für die Arbeit mit dem Inneren Team stellt sich ‚natürlich' die Frage: Welche intrapersonale Kommunikation brachte Hanno zu dieser Ausnahme von der Regel?

Leider lässt sie sich *im Nachhinein* nicht beantworten.

5.4.3 Die Regel des Entweder/Oder

Oft geht es in Konflikten – und hier vor allem in Paarbeziehungen und in Konflikten zweier polarisierter Persönlichkeitsanteile – darum, Recht zu haben bzw. Recht zu bekommen. Die Annahme und Betonung zweier richtiger Standpunkte führt zur Frage: ‚Wie können zwei Personen/zwei Persönlichkeitsteile im Recht sein, das Ergebnis aber ‚falsch'?'. Eine Umdeutung der Situation, eine Analyse der Bedürfnisse, die die Persönlichkeitsanteile haben bzw. repräsentieren, sowie eine paradoxe oder nichtparadoxe Verschreibung (wie zum Beispiel; „Überlegen Sie, wie Sie das Zusammentreffen mit Ihrem Partner zu einer angenehmen Überraschung machen können!“) kann aus dem (Inneren) Dilemma heraus führen.

5.4.4 Gewissheit

> *Klienten sind sich, da sie ja gewissermaßen in der Falle des beklagten Sachverhaltes sitzen, in der Regel sicher, was die Details dieses Sachverhaltes und die verschiedenen Elemente angeht, die ihn so unangenehm machen. (De Shazer 1997, 218)*

Im Sinne des Inneren Teams ist diese vermeintliche Gewissheit natürlich nur *eine* Innere Stimme oder eine Koalition Innerer Stimmen. Im Rahmen dieser Arbeit versuche ich, die These, dass es auch Innere Stimmen gibt, die diese Gewissheit der Klient*in anzweifeln, zu belegen, in gewisser Weise, diese These zu einer Gewissheit werden zu lassen. In allen beraterischen, therapeutischen und pädagogischen Situationen ist es gewiss von großem Gewinn, die Stimmen der Gewissheit und die Stimmen des Zweifelns zu hören und zu befragen.

„Die ‚Fakten' lassen sich in der Regel nicht in Zweifel ziehen, wohl aber der Kontext" (ebd., 218) und mit Kontext ist vor allem die individuelle Bewertung (aller Persönlichkeitsteile) gemeint.

Eine Studentin in einem meiner Seminare hatte in Bezug auf eine anstehende Arbeit große Versagensängste. Ich bat sie, ihre Inneren Stimmen zu äußern und es wurde die ‚*Gewissheit*' deutlich, zu versagen: „Ich bin zu dumm!", „Ich kann mich nicht richtig ausdrücken!", „Das ist ein Bereich (Bildung), wo ich eigentlich nicht hingehöre!", „Ich bin eigentlich ein armes Arbeiterkind", „Ich schaffe das nicht!", „Ich kann das nicht!" … Sie war selbst erschrocken über die Quantität und die Qualität, die Vehemenz, der „negativen" Stimmen, die teilweise zum ersten Mal die Erlaubnis bekamen, aus dem diffusen Hintergrund hervorzutreten. Im Sinne De Shazers ist einziges ‚Faktum' ihre Herkunft aus einer Arbeiterfamilie. Alle anderen Stimmen sind der Kontext, die vermeintliche Gewissheit. Die erst im Anschluss hieran sich äußernden anderen Stimmen, die Selbstbewusstsein (sie hatte bereits ein anderes Studium erfolgreich absolviert; sie hatte sich bis zu diesem Zeitpunkt sehr engagiert und mit sehr positiven Rückmeldungen an dem Seminar beteiligt), Intelligenz, Pfiffigkeit, Wissen und andere ‚Stärken' ausdrückten, konnten eben diese Gewissheit aufheben (im Sinne Hegels), sodass sie mit einer realistischen Einschätzung, inklusive einem gewissen ‚Lampenfieber' der anstehenden Arbeit entgegensah[53].

---

53 Ich konnte ihr nach dieser Situation im Sinne Rogers Prinzip des ‚Hier-und-Jetzt' spie-

Abschließen möchte ich dieses Kapitel mit einer Interventionsmethode De Shazers, die auf den ersten Blick sehr ungewöhnlich, vielleicht sogar ‚unangemessen ungewöhnlich' erscheint. Er nennt sie ‚tun Sie irgendetwas anderes' und empfiehlt sie, wenn alle bisherigen Versuche, ein Problem zu lösen, kein zufriedenstellendes Ergebnis zeigten:

Um diese systemische Intervention verständlich zu machen ist ein Beispiel De Shazers von Nöten. Es ist auch für den Bezugsrahmen der Pädagogik bei Verhaltensstörungen bzw. der Erziehungshilfe äußerst interessant:

> Ein achtjähriger Junge hatte zu Hause und in der Schule immer wieder heftige Wutanfälle. Die übliche Reaktion darauf sah so aus, dass er aus dem Klassenzimmer geschickt wurde, Strafpredigten und gelegentlich Schläge erhielt. Aber die Wutanfälle hörten deshalb nicht auf. Daraufhin versuchten sowohl die Eltern als auch die Lehrer es mit Belohnungen immer dann, wenn er gerade friedlich war, aber auch das half nichts. Die Eltern schrien den tobenden Jungen oft an. Am Ende einer Sitzung, an der nur die Eltern teilgenommen hatten, sagte der Therapeut, sie sollten doch ‚das nächste Mal, wenn Josh einen Wutanfall hat, mal etwas anderes tun, egal wie seltsam oder ver-rückt oder abartig es auch scheinen mag. Auf was immer Sie auch verfallen mögen – wichtig ist allein, dass Sie mal etwas anderes tun.'
> Beim nächsten Wutanfall reichte der Vater dem Jungen einen Keks, ohne dazu auch nur ein Wort zu sagen. Der Anfall hörte auf. Als die Mutter das nächste Mal Zeugnis eines Wutanfalls wurde, tanzte sie um Josh herum, während dieser um sich trat und schrie. Der Anfall hörte auf. Danach berichteten weder die Eltern noch die Lehrer von weiteren Wutanfällen. (De Shazer 1992, 171)

Im Sinne des Modells des Inneren Teams kann man dieses Beispiel bzw. diese Intervention interpretieren als dem ‚Nachgehen' eines spontanen Impulses (einer spontanen Inneren Dialogteilnehmer*in), der auf den ersten Blick ‚keinen Sinn' macht: wie ‚zu tanzen' oder einen ‚Keks schenken'. Es ist somit auch ein sehr gutes Beispiel für das Prinzip ‚alle Persönlichkeitsanteile wertzuschätzen' (vgl. 5.1.3).

---

geln, dass sie sich innerhalb der letzten 20 Minuten sehr wohl ‚gut äußern konnte', sich sehr intelligent und ‚pfiffig' so wie belesen zeigte.

6 (Zwischen-)Fazit

Wie im Vorwort bereits erwähnt, kann und soll diese ‚kleine Einführung' weder ‚in die Tiefe gehen' noch aktuelle Entwicklungen wiedergeben. Bis hierhin ist es eine ‚historische' Einführung in die Theorien. Mit dem Ziel, die Ideen einiger Begründer*innen der systemischen und humanistischen Theorien, Ansätze und Modelle vorgestellt zu haben.

Letztlich aber auch, um aufzuzeigen, dass systemische und humanistische Ansätze sich nicht widersprechen, sondern sich sogar ergänzen – dies alles am Beispiel des ‚Inneren Teams' veranschaulicht.

Im Folgenden wird nun – auch hier dem Kontext dieser ‚kleinen Einführung' entsprechend eher aphoristisch – Friedemann Schulz von Thun ‚selbst' ‚das Wort' gegeben sowie denjenigen beiden Vertretern, die neben Schulz von Thun eigene Modelle aus der Synthese systemischer und humanistischer Ansätze entwickelt haben: Jürgen Kriz und Bernd Schmid.

7 Auf ein Wort zu Dirk Rohrs „Kleine Theorie-Einführung in Systemische und Humanistische Ansätze am Beispiel des Inneren Teams“

Friedemann Schulz von Thun

Dirk Rohr hat ganz recht: das Innere Team (als Modell und als Arsenal von Methoden) steht mit einem Bein in der Welt der Humanistischen Psychologie und mit dem anderen Bein in der Welt des Systemischen Ansatzes. Es ist ein Meister dieses Spagats. Wieso?

Als Kind der Humanistischen Psychologie ist ihm der „innere Mensch“ ein Anliegen: möge es dem Individuum gelingen, in Harmonie mit sich selbst zu kommen, möge es verwirklichen, was in ihm steckt, möge ihm als Teamchef eine innere Führung gelingen und somit mehr und mehr autonom zu werden! Möge es dem Individuum gelingen, authentisch zu kommunizieren, d.h. in Übereinstimmung mit den inneren Bewohnern seiner selbst. Und möge es fortschreiten auf dem Weg zur integralen Persönlichkeit, in welcher gegensätzliche Strebungen und Qualitäten einander durchdringen und ergänzen!

Und das alles (Selbstverwirklichung, Autonomie, Authentizität, Integration) angesichts *innerer Pluralität*, die dem Menschen gegeben und aufgegeben ist! Das System im Menschen, mit all seinen inneren Dialogen und Wechselwirkungen, verlangt nach einem systemischen Ansatz; ebenso der Umstand, dass die „innere Aufstellung“ des Individuums abhängig ist vom Schachbrett, auf dem es steht, abhängig ist vom situativen und systemisch geprägten Kontext, der ihm zur Herausforderung wird. So ist es, und so soll es auch sein!

Somit gehört, mit der prägnanten Formel von Helm Stierlin, beides zusammen: *„Der Mensch im System – und das System im Menschen“*. Die Beratung, das Coaching mit dem Inneren Team folgt genau dieser Maxime: ergründe erstens den situativen Kontext mit all seinen Gegebenheiten und definiere, was er Dir abverlangt. Und ergründe zweitens die Stimmen, die sich in Dir zu Worte melden! Denn die Lösung soll stimmig sein: sie muss zu dir und deiner Wertewelt passen, so dass Du in Übereinstimmung mit dir selber kommunizierst, handelst und entscheidest. Und sie muss der Situation gerecht werden, dem Sinn und der Herausforderung gerecht werden, die in ihr (zuweilen verborgen)liegen. Das *Prinzip Stimmigkeit* lebt sowohl vom humanistischen Credo (Sei du selbst und werde, der du bist!) als auch vom systemischen Credo (trage zum Gelingen des Ganzen bei, von dem du ein Teil bist!) Denn der Mensch ist immer beides zugleich: Teil des Ganzen – und selbst ein Ganzer!

Ja, Dirk Rohr hat ganz Recht, wenn er das Modell und das Methodenarsenal des Inneren Teams in beiden Welten verortet und seine zweifache Kompatibilität anhand zahlreicher Aspekte kundig untersucht und nachweist. Wir sind auf dem Wege zu einem humanistisch-systemischen Menschenbild, welches den Menschen in seiner integralen und entwicklungsfähigen Einzigartigkeit begreift, gleichzeitig aber auch als typisches Wechselwirkungswesen (www.mensch!) erkennt.

8 Personzentrierte Systemtheorie – Wie Körper, Psyche, Interpersonelles und Kultur zusammenwirken“

Jürgen Kriz

Der Mensch ist von der Wiege bis zur Bahre in die Prozesse „der Welt“ eingewoben. Diese, überaus vielfältigen, Aspekte der „Communio“ seines Daseins lassen sich einerseits intersubjektiv, „von außen“, aus der „3.-Person-Perspektive“ **beschreiben**, andererseits subjektiv, „innerlich“, aus der „1.-Person-Perspektive“ **erfahren**.

Doch diese Trennung in zwei Perspektiven ist nur bedingt tragfähig. Sie vermag bestimmte Fragen zu akzentuieren, oder zwischen qualitativ-idiographischer und quantitativ-nomothetischer Forschung zu unterscheiden. Aber um viele relevante Entwicklungslinien eines Menschen nachzuzeichnen – in Pädagogik, Psychotherapie, Beratung etc. – bedarf es der Berücksichtigung der faktischen Verschränkung: Ich kann mich selbst, in meinen ureigensten, subjektiven Empfindungen (1.-Person-Perspektive) nur verstehen, indem ich die Kulturwerkzeuge der Sprache und ihrer Symbole, Metaphern, Prinzipien etc. (3.-Person-Perspektive) auf mich selbst anwende. So kann ich zwar weitgehend ähnliche physiologische Zustände in einer bestimmten Situation haben wie eine Katze. Damit ich diese aber als „traurig“ oder „sehnsüchtig“ oder „Verlassenheit“ verstehe, brauche ich eben die Kulturwerkzeuge. Diese sind mir, in wesentlichen Grundaspekten, in der frühen Kindheit von einem empathischen „Du“ (2.-Person-Perspektive) vermittelt worden. Viele dafür notwendige Passungen sind evolutionär vorstrukturiert („Social Brain“, „Bindungstheorie“ „Mentalisieren“ etc.).

Kommunikation bedeutet daher immer schon die faktische Verschränkung aller drei „Person“-Perspektiven. Und damit Kommunikation hinreichend gelingen kann, muss explizit oder implizit zu Fragen Stellung genommen werden wie: „Was will ich? Und was will der andere? Wie geht es mir und wie dem anderen? Was sind die jeweiligen Erwartungen (inklusive Verletzlichkeiten, Verbindlichkeiten, Wünschen, Regeln, Normen etc.).

Die Komplexität des Geschehens, das mein Dasein in der Welt ausmacht, erfordert es, der **Ganzheit** und Verwobenheit von Prozessebenen Rechnung zu tragen, die meist analytisch getrennt werden (und manche dabei fast ganz aus dem Blick geraten). Es geht um körperliche, psychische, interpersonelle (oder mikro-soziale) und kulturelle (oder makro-soziale) Prozesse. Typischerweise wird im Kontext von Beratung primär auf die Ebene von psychischen und die von interpersonellen Prozessen fokussiert – und ggf. auch noch die Wechselwirkungen zwischen beiden thematisiert. Hier gibt es je nach Fragestellung und Anliegen unterschiedliche theoretische und praxisorientierte Entwürfe, zu denen in prominenter Weise die Modelle von Schulz von Thun und auch deren Ausgestaltung durch Rohr in diesem Band beigetragen haben. Und irgendwie ist auch klar, dass dabei die körperliche Ebene – besonders in Form der Emotionen – sowie die Kultur, mit ihren Werkzeugen, Metaphern, Erklärungsprinzipien etc. eine Rolle spielen. Doch schon der oben angesprochene Aspekt, den Menschen auch als Subjekt zu thematisieren, kommt dabei höchstens implizit zur Sprache.

Dies ändert sich, wenn man in der Tradition der Berliner Gestaltpsychologie (Wertheimer, Koffka, Köhler, Lewin), der organismischen Theorie (Goldstein), der Symboltheorie (Cassirer) und der Biosemiotik (J. v. Uexküll), den gemeinsamen Wurzeln des humanistischen und systemischen Zugangs „zur Welt" folgt: Indem „Leben" grundsätzlich als Zeichenprozesse verstanden wird, gelangt man zu Uexkülls wichtiger Unterscheidung in **Umgebung** – die alle Menschen miteinander und sogar mit Tieren und Pflanzen etc. teilen – und **Umwelt.** Diese begründet selbst bei „einfachen" Tieren aufgrund der je eigenen Merkorgane und Wirkorgane deren **Subjektivität**. Und bereits die Uexküll'sche Vorversion einer Biosemiotik berücksichtigt mit den „Stimmungen" die affektive Basis und Subjektivität aller „kognitiven" Prozesse.

Der Mensch, als „animal symbolicum" (Cassirer), ist nun nicht mehr in die evolutionär-biologischen Zeichenprozesse eingespannt, sondern nutzt den unerschöpflichen Raum kulturell entwickelter Symbole. Diese vermag er, im Sinne der o.a. Kulturwerkzeuge, auch auf sein eigenes inneres Erleben anzuwenden. Dabei kann er sich sein Dasein in dieser Welt, seine Affekte und Stimmungen, seine Erwartungen und Vermutungen über die Anderen, selbst-reflexiv anzeigen (also z. B. seine Gefühle betrachten und sich damit ggf. von ihnen distanzieren). Mit dieser Verwendung der Kulturwerkzeuge (auch) auf sich selbst, ergibt sich die bereits oben skizzierte Verschränkung von (biosemiotischer) Subjektivität und Intersubjektivität.

Die Berücksichtigung dieser vier Prozessebenen begründet somit **keinen** Ansatz, der **integrativ** ist (also etwas zusammen bringt), sondern, umgekehrt, einen Ansatz, der die **faktische Ganzheitlichkeit** des Geschehens nicht (oder möglichst wenig) auseinanderschneidet. Das genau ist das Anliegen der „Personzentrierten Systemtheorie" (PZS), die in den letzten 30 Jahren zunehmend ausgearbeitet und für spezifische Fragen publiziert wurde (und im Frühjahr 2017 in einem umfassenderen Werk erscheinen wird).

Die zentralen Fragen, die mit der PZS angegangen werden, sind (a) wie wir Menschen aus der unfassbaren Komplexität einer physikalisch-chemischen und informationellen „Reizwelt“ eine hinreichend fassbare, sinnhaft geordnete Lebenswelt erschaffen, (b) wie diese Ordnung sich typischerweise an stets neue Bedingungen und Herausforderungen („Entwicklungsaufgaben“) anpasst, (c) warum diese Adaptation aber auch partiell misslingen und sich insbesondere als überstabil und inadäquat erweisen kann – was für viele Symptome (und allgemeiner: Probleme) typisch ist – und letztlich, (d) wie professionelle Hilfe unter Nutzung von Ressourcen und Potenzialen der Selbstorganisation gestaltet werden kann.

Die systemtheoretische Ausrichtung der PZS (in Anlehnung an das strukturwissenschaftliche Modell der Synergetik) erlaubt es einerseits, auf jeder der o.a. Prozessebenen Stabilität bzw. Veränderung(smöglichkeit) von „Ordnungen“ (Problemen/Symptomen) konzeptuell zu fassen. Da es sich stets um eine Adaptation an die „Systemumgebung“ handelt – und die anderen Systemebenen jeweils eine solche „Umgebung“ darstellen – können die Wechselwirkungen zwischen den (künstlich untergliederten) Systemebenen thematisiert werden.

Zentrales Konzept in der PZS ist der „Sinnattraktor“, der konzeptuell beschreibt, wie sich der unfassbar komplexe Raum an Sinn-deutungen zusammenzieht, was zwar einerseits als „Sinn“ und „Verlässlichkeit“ erlebt wird, aber auch in Rigidität und „Zwangsordnung“ ausarten kann. Denn viele „Probleme“ sind gute Lösungen für Herausforderungen, die sich inzwischen längst geändert haben. Anreicherung mit Deutungsalternativen (wie u.a. auch Schulz von Thuns Konzepte gesehen werden können) ermöglichen einen Übergang von malignen zur lebensgerechteren „Lösungen“. Mit Subkonzepten wie z.B. „Bedeutungsfelder“ und „Synlogisation“ lässt sich in der PZS thematisieren, dass sich typischerweise Sinnattraktoren unterschiedlicher Systeme überlagern und dass mehrere Personen(gruppen) gemeinsam Bedeutungsaspekte entwickeln.

Kriz, Jürgen (2013): Die Personzentrierte Systemtheorie in der Beratung. In: Gahleitner, S. et al (Hrsg.): Personzentriert beraten: alles Rogers?. Theoretische und praktische Weiterentwicklungen. Weinheim: Beltz Juventa, S. 99- 130

Kriz, Jürgen (2014): Personzentrierte Systemtheorie. In: Eberwein, Werner & Thielen, Manfred (Hg.): Humanistische Psychotherapie. Theorien, Methoden, Wirksamkeit. Gießen: Psychosozial-Verlag, S. 283- 296

Kriz, Jürgen (2014): Systemtheorie und systemisch-humanistische Psychotherapie – eine Herausforderung für unsere Gesellschaft ? In: Erik Meyerhof, Tabea Bernges, Miriam Block, Martina Niehoff & Christian Schultz (Hrsg.): Menschenbilder in der Psychologie. Hamburg: Argument-Verlag. S. 80- 103

9 „Perspektiven der Transaktionsanalyse, der Hypnotherapie Milton Ericksons, der Tiefenpsychologie Jung'scher Prägung und systemischer Ansätze – die Kunst ‚mehrspännig' zu fahren"

Bernd Schmid

Seit Jahrzehnten ist eine Haupttätigkeit unseres Weiterbildungsinstituts[1], Professionelle zu qualifizieren und Beiträge zu feldspezifischen Entwicklungen zu leisten. Weiterbildungsteilnehmer kamen zunächst hauptsächlich aus den Bereichen Psychotherapie, Sozialwesen und persönliche Entwicklung, dann ab den 1990er-Jahren zunehmend aus dem Organisationsbereich. Das erforderte zunehmend, die Spezifika von Rollen, Kontexten, Funktionen und Leistungen sowie Strukturen und Inszenierungen zu den jeweiligen gesellschaftlichen Zwecken angemessen zu berücksichtigen. Wissenschaft zur empirischen Überprüfung von Praxis und pragmatisch als „... systematisiertes Verfahren, Erfahrung zu gewinnen und auszuwerten"[2], war dabei immer wichtig, da sonst Ideologien und Gewohnheiten schnell überhand nehmen.

Unsere Hauptperspektive war also immer die der Unterstützung von Praktikern bei beruflichen Positionierungen und beim Erwerb professioneller Kompetenzen sowie bei der Ausstattung mit „Handwerkszeug". Inhaltkonzepte sollten in der Praxis handlungsleitend und den Klienten bei Bedarf vermittelbar sein. Vorgehensweisen sollten auf Prozessebene dazu passen und dabei Rollen und Kontexte und feldspezifische Bewährungskriterien angemessen berücksichtigten. Identitätsbildung sollte die Rollen und Tätigkeitsfelder sowie die Persönlichkeit der Professionellen in stimmige und taugliche Passungen bringen.

Will man Breitenwirkung erzeugen, ist ein Zusammenspiel von Bildungs- und Beratungs-Experten in besonderen kulturstiftenden Rollen und sonstigen Verantwortlichen aller Art in Organisationen erforderlich. Kompetenz- und Persönlichkeitsentwicklung sollte auch in Leistungserbringung

1 www.isb-w.eu
2 http://www.systemische-professionalitaet.de/isbweb/content/view/27/59/

und darauf ausgerichtetes Organisationslernen eingebettet sein[3]. Konzepte und Vorgehensweisen sollten zu Lern- und Entwicklungspartnerschaften auf Augenhöhe einladen und durch Allgemeinverständlichkeit und leichte Erlernbarkeit Distanzen überbrücken. Damit Lernkulturen in Seminaren und in Organisationen nicht auseinanderfallen, sollten Inhalte und Lernformen in den Qualifizierungen prototypisch für gewünschte Lernkultur dort sein und unter eigener Regie in Berufsfeldern und Organisationen multipliziert werden können[4].

Was ist mit der **„Kunst mehrspännig zu fahren“** gemeint?

Zunächst geht es darum, wesentliche Perspektiven verschiedener Psychotherapie-Richtungen[5] zu skizzieren. Sind diese verstanden, können sie aus einer eigenen Identität, aus jeweiligen Rollen- und Kontextverständnissen neu kombiniert werden. Diese sollten eine einfache, von vielen Berufsgruppen leicht versteh- und nutzbare Ebene anbieten, dabei aber intelligent differenzierbar und kombinierbar sein und gleichzeitig als Handwerkszeug für Bildungs- und Beratungs-Experten taugen. Sie sollten als Denk- und Handwerkszeuge ohne zu große Anpassungen für das eigene Weiterlernen und für Regieführungen in den Lernkulturen eigener Felder geeignet sein. Heutige Professionelle sind eher Zehnkämpfer. Ob sie in komplexen Gesellschaftsfeldern gewinnen, hängt nicht mehr von der Optimierung aus Sicht einer Disziplin, sondern von der integrierten Gesamtleistung in mehreren Disziplinen ab. Psychologie ist dabei nur eine Disziplin.

Auch wenn hier psychologische Konzepte skizziert werden, liegt der Schwerpunkt auf Ideen und Arbeitsfiguren, die das Verständnis von Menschen und Organisationen, von Entwicklung und deren Gesetzmäßigkeiten auch allgemein erschließen.

---

3 Bernd Schmid: Kleine Sittengeschichte berufsbezogener Bildung: http://www. perspektive-blau.de/artikel/1601a/1601a.htm
Schmid, Bernd: In Zukunft gehören Lernen und Arbeiten zusammen http://perspektive-blau.de/artikel/1510a/1510a.htm

4 Bernd Schmid/Thorsten Veith/Ingeborg Weidner: Einführung in die kollegiale Beratung. Carl-Auer Verlag

5 Bernd Schmid: Psychotherapieschulen und ihre Schlüssel-Ideen – Gründer, Stories, Extrakte (2016) https://tredition.de/autoren/bernd-schmid-17383/psychotherapie schulen-und-ihre-schluessel-ideen-paperback-81102/
Bernd Schmid/Christiane Gérard (2008): „Intuition und Professionalität“. Systemische Transaktionsanalyse in Beratung und Therapie. Carl-Auer Verlag. http://www.carl-auer.de/programm/artikel/titel/intuition-und-professionalitaet/

Die **Transaktionsanalyse**[6] bietet z. B. vielfältige Verständnisse und Arbeitsfiguren dafür, wie Wirklichkeit durch Kommunikation in Beziehungen erzeugt, aufrechterhalten wird, aber auch gestört und neu gestaltet werden kann. Komplementäre und nicht-komplementäre Transaktionen können im Detail beobachtet und aktiv gestaltet werden. Dabei sind z.B. Ebenen der Wirklichkeitsbegegnung zu beachten, die entscheidend dafür sind, ob man sich gegenseitig erreicht und ob verlässliche Gemeinschaftswirklichkeit erzeugt wird. Das zum Rollenmodell weiterentwickelte Modell der Ich-Zustände lädt dazu ein, spezifisch zu berücksichtigen, als wer Sender und Empfänger der Kommunikationseinheiten (Transaktionen) agieren.

Durch **Erickson'sche Hypnotherapie** wird man z.B. damit vertraut, wie sehr Wirklichkeit eine Frage der Aufmerksamkeitslenkung sein kann und als Beziehungswirklichkeit zu verstehen und gestalten ist. Einzelne und Gemeinschaften aktivieren ihre Wirklichkeiten im Zusammenspiel bewusster und unbewusster innerer und äußerer Kommunikationsprozesse. Dabei kommt es auf mehr oder weniger unbewusste „Gewohnheitsprozesse" (*unconscious mind*) und auf mehr oder weniger bewusste schöpferische Prozesse (*conscious min*d) und deren Zusammenspiel an. Wirksam Einfluss kann darauf nur genommen werden, wenn diese Dimensionen berücksichtigt und methodisch gestaltet werden können.

Die **Tiefenpsychologie Jung'scher Prägung**[7] richtet Aufmerksamkeit z.B. auf Prozesse des Werdens von Individuen und Gemeinschaften. Ganzheitlichkeit wird in den Ergänzungen konkret, die aus einseitigen Entwicklungen und Polarisierungen führen. Durch die Auseinandersetzung mit „Schattenaspekten"[8], also ausgeblendeten Aspekten menschlicher und gesellschaftlicher Wirklichkeit, ist mehr Tiefe, lebendige Stabilität und kulturelle Bereicherung zu gewinnen. Dabei beschränkt sich Individuation als der Weg, zu dem zu werden, der man werden kann, nicht nur auf die private Welt Einzelner. Auch auf dem Berufslebensweg, in Organisationsfunktionen und für Gemeinschaften stellen sich solche Fragen. Professionelle Individuation berücksichtigt nicht nur Wesensarten und biographische Einflüsse, sondern auch Entwicklungen im Berufsfeld, in der Gesellschaft und im Zeitgeist.

---

6 Bernd Schmid & Christiane Gérard (2008): „Intuition und Professionalität" Systemische Transaktionsanalyse in Beratung und Therapie. Carl-Auer Verlag

7 Video: C.G. Jung und der systemische Ansatz; B. Schmid; 2013; Ringvorlesung Uni Heidelberg 2013

8 Bernd Schmid/Andrea Mikoleit: „Und der Haifisch der hat Zähne ..." – Umgang mit Macht, Angst und persönlicher Stärke, Tredition 2016

Systemische Ansätze[9] stehen in erster Linie für ein modernes Mindset, mit dem auf das vielfältige Knowhow aller Schulen neu zugegriffen werden kann. Sie bieten also Meta-Perspektiven, die beweglicher und intelligenter machen können, die erlauben, Komplexität anzuerkennen und handhabbar zu machen als Gegengewicht zu einer Überbetonung von Teilperspektiven. Auch gibt es Schwerpunkte in Haltungen und Vorgehensweisen, die helfen, systemische Perspektiven in Aktion umsetzen, z.B. Lösungs- und Ressourcenorientierung oder zirkuläres Fragen. Unter dem Begriff „Systemische Lernkultur"[10] fassen wir am isb Perspektiven und Vorgehensweisen zusammen, die für systemintelligente Personen-Qualifizierung und personensensible System-Qualifizierung von Bedeutung bedeutsam sind.

Als Beispiel für **mehrspänniges Fahren** sei das Thema „Verantwortungsklärung" genannt. Was darf, muss, kann und will von wem verantwortet werden? Wie funktionieren komplexe Verantwortungs-Systeme? Persönlich essentielle Fragen lassen sich aus der Jung'schen Psychologie gewinnen, auch ausgeweitet auf berufliche Entwicklung und Verantwortung gegenüber der Gesellschaft. Welche inneren Bilder leiten uns dabei?[11] Für das Zusammenspiel von bewussten und unbewussten Prozessen sind Kommunikations-Ansätze aus der Hypnotherapie hilfreich. Und für Klärungen im Umgang mit Verantwortung bzw. mit deren Vermeidung Konfrontationstechniken aus der Transaktionsanalyse. Entstehen neue Herausforderungen an das Verantwortungssystem z.B. in einem Unternehmen, dann helfen vielerlei Betrachtungen aus systemischer Sicht und eine Dialog-Kultur, die sich aus Elementen verschiedener Schulen speist.

9 Z.B. Schmid/Kannicht: Einführung in systemische Konzepte der Selbststeuerung, Heidelberg Carl-Auer-Verlag 2015 http://www.carl-auer.de/programm/artikel/titel/einfuehrung-in-systemische-konzepte-der-selbststeuerung/

10 siehe Beiträge zur EduAction 2016: http://www.systemische-professionalitaet.de/isbweb/content/view/602/568/

11 Schmid 2005: Seelische Bilder und berufliche Beziehungen – Vortrag anlässlich des Kongresses für Tiefenpsychologie in Lindau vom 24.-28.10.2004 in: Einander anerkennen – Eine neue Beziehungskultur. Herausgegeben von Christiane Neuen. Patmos-Verlagshaus, Düsseldorf.

Literatur

Albert, H. (1996): Der Mythos des Rahmens und der moderne Antirealismus. Zur Kritik des idealistischen Rückfalls im gegenwärtigen Denken. In: Gadenne/Wendel, 9-28

Allport, G. W. (1958): Werden der Persönlichkeit. Hans Huber, Bern

Allport, G. W. (1959): Persönlichkeit. Hain, Meisenheim

Andersen, T. (1998): Zum Geleit von ‚Das Spiel der Ideen'. In: Hargens/von Schlippe, 7-13

Andersen, T. (1998[2]): Systemisches Denken und Handeln in Nordnorwegen. Ein Gespräch mit Tom Andersen. In: Hargens/von Schlippe, 20-29

Andersen, T. (Hg.) (1996): Das Reflektierende Team. Dialoge und Dialoge über Dialoge. Moderndes lernen, Dortmund

Anderson, H., Goolishian, H. (1992): Der Klient ist Experte: Ein therapeutischer Ansatz des Nicht-Wissens. In: Zeitschrift für systemische Therapie 10 (3), 176-189

Bandler, R., Grinder, J. (1981): Metasprache und Psychotherapie. Junfermann, Paderborn.

Bandler, R., Grinder, J. **(19812): Neue Wege der Kurzzeit-Therapie. Junfermann, Paderborn.**

Bandler, R., Grinder, J. (1982): Kommunikation und Veränderung. Junfermann, Paderborn.

Barth, D. (1988): Multiperspektive Betrachtungen wachstumsrelevanter Faktoren in Selbsterfahrungsgruppen. Unveröffentlichte Dissertation, Dortmund

Bateson, G. (1970): A systems approach. In: Internal Journal of Psychiatry 9, 242-244

Bateson, G. (1985/1999): Ökologie des Geistes. Suhrkamp, Frankfurt

Bateson, G. (1987): Geist und Natur. Suhrkamp, Frankfurt

Bergedick, A.; Rohr, D.; Wegener, A. (2011): Bilden mit Bildern. Visualisieren in der Weiterbildung. Bertelsmann, Bielefeld

Boscolo, L., Cecchin, G., Hoffmann, L., Penn, P. (1988): Familientherapie – Systemtherapie. Das Mailänder Modell. Modernes Lernen, Dortmund

Boszormenyi-Nagy, I., Framo, J. (Hg.) (1975): Familientherapie. Theorie und Praxis. Rowohlt, Reinbek bei Hamburg

Boszormenyi-Nagy, I., Spark, G. (1981): Unsichtbare Bindungen. Die Dynamik familiärer Systeme. Klett-Cotta, Stuttgart

Bowen, M. (1978): Family therapy in clinical practice. Jason Aronson, New York

Bronfenbrenner, U. (1981): Die Ökologie der menschlichen Entwicklung. Klett-Cotta, Stuttgart

Brune, S.; Mutter, F.; Rohr, D. (2012): Systemische Personalentwicklung an Hochschulen: Workshops & individuelle Beratung für Einsteiger. In: Personal- und Organisationsentwicklung in Einrichtungen der Lehre und Forschung (P-OE). 7. Jahrgang. 3/2012, S.75-82. Universitätsverlag Webler, Bielefeld

Buber, M. (1984): Das dialogische Prinzip. Lambert Schneider, Heidelberg

Bugenthal, J. F. (1964): The Third Force in Psychology. In: Journal of Humanistic Psychology 1, 19-26

Bühler, C. (1962): Psychologie im Leben unserer Zeit. Deutsche Buch-Gemeinschaft, München

Ciompi, L. (1988): Außenwelt Innenwelt. Die Entstehung von Zeit, Raum und psychischen Strukturen. Vandenhoeck & Ruprecht, Göttingen

Ciompi, L. (1997): Zu den affektiven Grundlagen des Denkens. In: System Familie 10, 128-134

Ciompi, L. (1999): Die emotionalen Grundlagen des Denkens – Kommunikation und Psychotherapie aus der Sicht der fraktalen Affektlogik. Vandenhoeck & Ruprecht, Göttingen

Cohn, R. (1979): Themenzentrierte Interaktion. Ein Ansatz zum Sich-Selbst und Gruppenleiten. In: Die Psychologie des 20. Jahrhunderts, 8, 873-883
Cohn, R. (1993): Es geht ums Anteilnehmen. Die Begründerin der TZI zur Persönlichkeitsentfaltung. Herder, Freiburg
Cohn, R., Farau, A. (1999): Gelebte Geschichte der Psychotherapie. Klett-Cotta, Stuttgart
Cohn, R., Ockel, A. (1981): Das Konzept des Widerstands in der themenzentrierten Interaktion. In: PETZOLD, H., 255-282
Danner, H. (1994): Methoden geisteswissenschaftlicher Pädagogik. Reinhardt, München
De Shazer, S. (1992): Der Dreh. Überraschende Wendungen und Lösungen in der Kurzzeittherapie. Carl-Auer-Systeme, Heidelberg
De Shazer, S. (1997): Wege der erfolgreichen Kurztherapie. Klett-Cotta, Stuttgart
Dell, P. F., Goolishian, H. A. (1981): Ordnung durch Fluktuation. Eine evolutionäre Epistemologie für menschliche Systeme. In: Familiendynamik 6 (2), 104-122
Derrida, J. (1988): Feuer und Asche. Brinkmann und Bose, Berlin
Dewey, J. (1964): Demokratie und Erziehung. Vieweg, Braunschweig
Dießenbacher, H., Müller, A. (1984): Wissenschaftstheorie und Sozialpädagogik. In: Eyerth/Otto/Thiersch
Earman, J., Janis, A. J., Massey, G. J., Rescher, N. (Hg.) (1993): Philosophical problems of the internal and external worlds. Essays on the philosophy of Adolf Grünbaum. Universitätsverlag Konstanz, Konstanz
Farelly, F., Brandsma, J. M. (1986): Provokative Therapie. Springer, Berlin.
Fink-Eitel, H. (1989): Foucault zur Einführung. Junius, Hamburg
Fischer, E. (1996): „Verhaltensauffälligkeiten“ als Ausdruck subjektiven Erlebens und Befindens. In: Zeitschrift für Heilpädagogik 47 (2), 59-67
Fischer, K. (1996): Entwicklungstheoretische Perspektiven der Motologie des Kindesalters. Hofmann, Schorndorf
Foerster, H. von (1985): Sicht und Einsicht. Vieweg, Braunschweig
Foerster, H. von (1987): Entdecken oder Erfinden – wie läßt sich verstehen verstehen? In: Rotthaus, W., 22-60
Foerster, H. von (1998): Wahrheit ist die Erfindung eines Lügners. Carl-Auer-Systeme, Heidelberg
Foerster, H. von (1999): Lethologie. In: VOß, R., 14-32
Foucault, M. (1976): Mikrophysik der Macht. Merve, Berlin
Foucault, M. (1989): Michel Foucault oder die Sorge um die Wahrheit. In: EWALD, F.
Friedlmeier, W., Holodynski, M. (Hg.) (1999): Emotionale Entwicklung. Spektrum Akademischer Verlag, Heidelberg
Gehlen, A. (1972): Der Mensch. Seine Natur und seine Stellung in der Welt. Akademische Verlagsgesellschaft Athenaion, Wiesbaden
Glasersfeld, E. von (1998): Konstruktion der Wirklichkeit und des Begriffs der Objektivität. In: Gumin/Mohler, 9-39
Gordon, T. (1981): Gruppenbezogene Führung und Verwaltung. In: Rogers, C., 287-334
Haken, H. (1984): Erfolgsgeheimnisse der Natur. Synergetik: Die Lehre vom Zusammenwirken. Ullstein, Frankfurt
Haken, H. (1987): Synergetik und ihre Anwendung auf psychosoziale Probleme. In: Stierlin/Simon/Schmidt, 36-50
Haken, H. (1988): Synergetik. Vom Chaos zur Ordnung und weiter ins Chaos. In: Gerok, W., 65-75
Haley, J. (1978): Gemeinsamer Nenner Interaktion. Strategien der Psychotherapie. Pfeiffer, München

Hargens, J., Schlippe, A. von (Hg.) (1998): Das Spiel der Ideen. Borgmann, Dortmund

Harris, T. H. (2002): Ich bin o.k. Du bist o.k. Wie wir uns selbst besser verstehen und unsere Einstellung zu anderen verändern können – Eine Einführung in die Transaktionsanalyse. Rowohlt, Reinbek bei Hamburg

Hegel, G. W. F. (1961): Philosophische Propädeutik. Frommann Verlag, Stuttgart

Heidenreich, T.; Michalak, J. (Hrsg.)(2013): Die „dritte Welle" der Verhaltenstherapie. Grundlagen und Praxis. Beltz, Weinheim

Hentschel, K. (2003): Der Vergleich als Brücke zwischen Wissenschaftsgeschichte und Wissenschaftstheorie. In: Journal for general philosophy of science - Zeitschrift für Wissenschaftstheorie 2, 251-275

Hesse, H. (1927): Der Steppenwolf. Suhrkamp, Frankfurt

Hoeg, P. (1993): Der Plan von der Abschaffung des Dunkels. Rowohlt, Reinbek bei Hamburg

Hügli, A., Lübcke, P. (2000): Philosophielexikon. Personen und Begriffe der abendländischen Philosophie von der Antike bis zur Gegenwart. Rowohlt, Reinbek bei Hamburg

Hume, D. (1982): Eine Untersuchung über den menschlichen Verstand. Reclam, Stuttgart

Huschke-Rhein, R. (1999): Lernen, Leben, Überleben. In: VOß, R., 33-55

Husserl, E. (1913): Ideen zu einer reinen Phänomenologie und phänomenologischen Philosophie. Halle

Husserl, E. (1950): Gesammelte Werke. Dordrecht, Den Haag

Kant, I. (1964): Immanuel Kant. Werke in zehn Bänden. Bd.1-10. Wissenschaftliche Buchgesellschaft, Darmstadt

Kertész, I. (1998): Roman eines Schicksallosen. Rowohlt, Reinbek bei Hamburg

Kierkegaard, S. (1994): Entweder – Oder. Deutscher Taschenbuch Verlag, München

Kierkegaard, S. (2000): Der Begriff Angst. Reclam, Stuttgart

Kösel, E. (1993): Die Modellierung von Lernwelten. Laub, Elztal-Dallau

Kricke, M.; Rohr, D.; Schindler, I. (2012): Das „Reflecting Team" als Schlüssel im Professionalisierungsprozess: Die offene Tür. In: Bosse, D.; Moegling, K.; Reitinger, J. (Hrsg.): Reform der Lehrerbildung in Deutschland, Österreich und der Schweiz. Teil 2: Praxismodell und Diskussion. S. 17-34. Prolog, Kassel

Kriz, J. (1997): Begegnung und Erkenntnis. In: Scheidewege 27, 145-181

Kriz, J. (2010): Systemtheorie als eine Metatheorie zur Integration psychotherapeutischer Ansätze. Psychotherapie im Dialog, 11 (1), 28–34

Kron, F. W. (1999): Wissenschaftstheorie für Pädagogen. Reinhardt, München

Loch, W. (1983): Phänomenologische Pädagogik. In: Lenzen/Mollenhauer, 155-173

Löwith, K. (1950): Von Hegel zu Nietzsche. Reclam, Stuttgart

Ludeweig, K. (1992): Systemische Therapie. Grundlagen klinischer Theorie und Praxis. Klett-Cotta, Stuttgart

Luhmann, N. (1984): Soziale Systeme. Grundriß einer allgemeinen Theorie. Suhrkamp, Frankfurt

Maslow, A. (1977): Motivation und Persönlichkeit. Olten

Maturana, H. R. (1982): Erkennen: Die Organisation und Verkörperung von Wirklichkeit. Vieweg, Braunschweig

Maturana, H. R. (1994): Was ist Erkennen? Goldmann, München

Maturana, H. R., Varela, F. J. (1987): Der Baum der Erkenntnis. Goldmann, München

McGoldrick, M., Gerson, R. (1990): Genogramme – in der Familienberatung. Hans Huber, Bern

Merleau-Ponty, M. (1966): Phänomenologie der Wahrnehmung. De Gruyter, Berlin

Minucchin, S., Fishman, H. (1983): Praxis der strukturellen Familientherapie. Lamberuts, Freiburg

Mücke, K. (1998): Systemische Beratung und Psychotherapie – ein pragmatischer Ansatz. ÖkoSysteme Verlag, Berlin

O'Connor, J., McDermott, J. (1998): Systemisches Denken verstehen & nutzen. VAK, Freiburg

Perls, F. S. (1976): Grundlagen der Gestalt-Therapie. Pfeiffer, München

Perls, F. S. (1978): Das Ich, der Hunger und die Aggression. Klett-Cotta, Stuttgart

Perls, F. S., Hefferline, R. F., Goodman, P. (1979): Gestalttherapie. Lebensfreude und Persönlichkeitsentfaltung (Bd.1), Wiederbelebung des Selbst (Bd.2). Klett-Cotta, Stuttgart

Piaget, J. (1974): Der Aufbau der Wirklichkeit beim Kinde. Klett-Cotta, Stuttgart

Prigogine, I., Stengers, I. (1981): Dialog mit der Natur. Piper, München

Quitmann, H. (1991): Humanistische Psychologie. Hogrefe, Göttingen

Richterich, L. (1993): Postmoderne Psychotherapie. In: Zeitschrift für systemische Therapie 11 (1), 23-31

Rogers, C. R. (1974): Lernen in Freiheit. Kösel, München

Rogers, C. R. (1981): Therapeut und Klient. Kindler, München

Rogers, C. R. (2000): Die klientenzentrierte Gesprächspsychotherapie. Fischer, Frankfurt

Rogers, C. R. (2000^2): Entwicklung der Persönlichkeit. Klett-Cotta, Stuttgart

Rohr, D. (2004): Das Systemisch-Humanistische Konzept AID: Analysen Innerer Dialoge. Ein interdisziplinärer Beitrag zur Erforschung intra- und interpersonaler Kommunikation in schwierigen Situationen. Dissertation. Köln

Rohr, D. (2012): angemessen verstörende visionen. In: journal.supervision 2.2012. kassel university press, Kassel

Rohr, D. (2016): Der Gesprächsansatz nach C. Rogers. In: Szczyrba, B. Van Treeck, T.; Wildt, B.; Wildt, J. (Hrsg.): Coaching (in) Diversity, Springer VS Verlag, Wiesbaden

Rohr, D. (2017): Lehren durch Beraten und Vorleben: Ambivalenzen wertschätzend transparent machen. In: Rohr, D.; Hummelsheim, A.; Höcker, M. (Hrsg.): Beratung lehren – Erfahrungen, Geschichten, Reflexionen aus der Praxis von 30 Lehrenden. Beltz, Weinheim

Rohr, D.; Den Ouden, H.; Rottländer, E.-M. (2016): Hochschuldidaktik - im Fokus von Peer Learning und Beratung. Beltz, Weinheim

Rohr, D.; Hummelsheim, A. (2012): Supervisor/innen in der Lehrerausbildung. In: journal.supervision 1.2012. kassel university press, Kassel

Rohr, D.; Hummelsheim, A.; Höcker, M. (Hrsg.)(2016): Beratung lehren - Erfahrungen, Geschichten, Reflexionen aus der Praxis von 30 Lehrenden. Beltz, Weinheim

Rohr, D.; Wegener, A. (2012): Lehrcoaching: Ein systemisches Konzept zur individuellen Beratung. In: Neues Handbuch Hochschullehre. L 3.8. Raabe Verlag, Berlin

Rohr, D.; Winter, M., Kullack, S., Schulz, T., Lütters, T., Geldermann, N. (2015): Forschendes Lernen im interdisziplinären Teamteaching – Eigenverantwortliches, kooperatives und problembasiertes Lernen am Beispiel der Entwicklung einer Software für Genogrammarbeiten. In: Neues Handbuch Hochschullehre. C 2.32. Raabe Verlag, Berlin

Roth, G. (1987): Erkenntnis und Realität. In: Schmidt, S., 229-255

Sartre, J.-P. (1986): Bewußtsein und Selbsterkenntnis. Rowohlt, Reinbek bei Hamburg

Sartre, J.-P. (1989): Das Sein und das Nichts. Rowohlt, Reinbek bei Hamburg

Sartre, J.-P. (1997): Die Wörter. Rowohlt, Reinbek bei Hamburg

Sartre, J.-P. (2001): Der Teufel und der liebe Gott. Rowohlt, Reinbek bei Hamburg

Satir, V. (1988): Meine vielen Gesichter. Kösel, München

Satir, V. (1990): Kommunikation, Selbstwert, Kongruenz. Junfermann, Paderborn

Schlippe, A. von, Schweitzer, J. (1997/2013): Lehrbuch der systemischen Therapie und Beratung I. Vandenhoeck & Ruprecht, Göttingen

Schlippe, A. von, Schweitzer, J., (1997): Lehrbuch der systemischen Therapie und Beratung. Vandenhoeck & Ruprecht, Göttingen
Schmidt, S. (1985): Kognitive Autonomie und soziale Orientierung. Suhrkamp, Frankfurt
Schulz von Thun, F. (1998): Miteinander Reden 3. Das „Innere Team“ und situationsgerechte Kommunikation. Rowohlt, Reinbek bei Hamburg
Schulz von Thun, F. (2001): An Dirk Rohr: Ihre Arbeit über innere Dilemmata und die Idee eines systemischen Selbst-Bewusstseins. Unveröffentlichter Brief (-wechsel), Hamburg
Schwartz, R. (1997): Systemische Therapie mit der inneren Familie. Pfeiffer, München
Selvini Palazzoli, M., Boscolo, L., Cecchin, G., Prata, G. (1981): Hypothetisieren, Zirkularität und Neutralität: drei Richtlinien für den Leiter der Sitzung. In: Familiendynamik 6, 123-139
Siebert, H. (1994): Lernen als Konstruktion von Lebenswelten. VAS, Frankfurt
Siebert, H. (1999): Pädagogischer Konstruktivismus. Luchterhand, Neuwied
Simmel, G. (1895): Über eine Beziehung der Selektionslehre zur Erkenntnistheorie. In: Archiv für Philosophie. Neue Folge der philosophischen Monatshefte 1, 34-45
Simon, F. B. (1997): Meine Psychose, mein Fahrrad und ich. Carl-Auer-Systeme, Heidelberg
Simon, F. B., Stierlin, H. (1992): Die Sprache der Familientherapie. Ein Vokabular. Überblick, Kritik und Integration systemtherapeutischer Begriffe, Konzepte und Methoden. Klett-Cotta, Stuttgart
Störig, H. J. (1993): Kleine Weltgeschichte der Philosophie. Kohlhammer, Stuttgart
Thomann, C., Schulz von Thun, F. (1988): Klärungshilfen 1. Rowohlt, Reinbek bei Hamburg
Ulfig, A. (1993): Lexikon der philosophischen Begriffe. Bechtermünz, Eltville am Rhein
Varela, F., Thompson, E. (1992): Der mittlere Weg der Erkenntnis. Hans Huber, Bern
Watzlawick, P. (1988): Anleitung zum Unglücklichsein. Piper, München
Watzlawick, P. (1988): Münchhausens Zopf oder: Psychotherapie und „Wirklichkeit“. Hans Huber, Bern
Watzlawick, P. (1996): Neues und Vergessenes. In: Familiendynamik 19 (2), 203-219
Watzlawick, P. (1997): Wie wirklich ist die Wirklichkeit? Piper, München
Watzlawick, P. (1998): Die Therapie des „Als ob“. Kongressvortrag, Heidelberg
Watzlawick, P. (1998[2]): Einführung in den Konstruktivismus. Piper, München
Watzlawick, P. (Hg.) (1999): Die erfundene Wirklichkeit. Piper, München
Watzlawick, P., Beavin, J., Jackson, D. (2000): Menschliche Kommunikation. Hans Huber, Bern
Weakland, J. H. (1997): Vorwort zu ‚Wege der Erfolgreichen Kurztherapie'. In: De Shazer, S., 7-8
Weischedel, W. (1993): Die philosophische Hintertreppe. Deutscher Taschenbuchverlag, München
Welsch, W. (1991): Unsere Postmoderne. VCH, Acta Humaniora, Weinheim
Willke, H. (1996): Systemtheorie 2. Fischer, Frankfurt
Wittgenstein, L. (1983): Tractatus logico-philosophicus. Logisch-philosophische Abhandlung. Suhrkamp, Frankfurt
Zimbardo, P. G. (1992): Psychologie. Springer, Berlin

Die Autoren

Rohr, Dirk, Dr., erhielt 2004 den Ruf auf die Professur für Kommunikation in pädagogischen Handlungsfeldern (W1) der Universität Oldenburg, war 2006 Invited Scientist der Harvard und Stanford University und ist seit 2012 als Akademischer Direktor der Humanwissenschaftlichen Fakultät der Universität zu Köln Leiter des Arbeitsbereichs Beratungsforschung, Leiter des Zentrums für Hochschuldidaktik sowie Fakultätsgeschäftsführer. Er ist von ‚Haus aus' Gestalttherapeut (2005), inzwischen Systemischer Berater (DGSF/DGfB) und Supervisor (DGSv/DGSF) sowie Institutsleiter, Lehrender Berater und Weiterbildungsleiter im „Koelner Institut für Beratung & pädagogische Professionalisierung". Zudem ist er Mitglied im wissenschaftlichen Beirat der „Deutschen Gesellschaft für Beratung (DGfB)" und nominiert für den Vorstand der DGfB sowie Sprecher der Fachgruppe Beratung in der DGSF.

Schulz von Thun, Friedemann, Dr., ist pensionierter Professor für Pädagogische Psychologie der Universität Hamburg (1976–2009). Er lernte bei Reinhard und Anne-Marie Tausch und Ruth Cohn. 2012 würdigte die Universität St. Gallen Prof. Schulz von Thun „als einen herausragenden Kommunikationsforscher, einen Autor mit Millionenauflage und eine Persönlichkeit, die sich in besonderer Weise um den Transfer von wissenschaftlichen Erkenntnissen in die Praxis verdient gemacht hat" mit dem Titel Ehrendoktor. Er leitet das Schulz von Thun-Institut.

Kriz, Jürgen, Dr., ist emeritierter Professor für Psychotherapie und klinische Psychologie. Er vertritt mit der „Personzentrierten Systemtheorie" einen integrativen Ansatz, ist Ehrenmitglied mehrerer psychotherapeutischer Fachgesellschaften und war Gastprofessor in Wien, Zürich, Berlin, Riga, Moskau und den USA. 2004 erhielt er den Viktor-Frankl-Preis der Stadt Wien und 2014 den AGHPT-Award.

Schmid, Bernd, Dr. phil., ist Gründer und Leitfigur des Instituts für systemische Beratung in Wiesloch (seit 1984) und des isb-Netzwerkes und der Schmid-Stiftung. Er ist Mitbegründer und Ehrenvorsitzender des Präsidiums des Deutschen Bundesverbands Coaching (DBVC). Er war Gründer und Vorsitzender der „Gesellschaft für Weiterbildung und Supervision" (GWS). Schmid engagierte sich für Hochschuldidaktik und war Hochschulrat der Pädagogischen Hochschule Heidelberg (2006–2010). Als Ehrungen erhielt er u. a. den EBMA 2007 der internationalen TA-Gesellschaft oder den Life Achievement award der Weiterbildungsbranche 2014. Zudem ist er Ehrenmitglied der Systemischen Gesellschaft und Initiator des International Network for Organization development and Coaching INOC.